TÚ ERES
IMPORTANTE

De la crisis al éxito

Arq. Patricia Hernández Carrillo

Mentora en el ámbito del desarrollo personal

TÚ ERES IMPORTANTE

De la crisis al éxito

TÚ ERES IMPORTANTE

Diseño y Publicación Digital:

ImagiLab USA / Alexander Vivas
theimagilab@gmail.com
+1 702 5595156
Estados Unidos de América

Contenido

Agradecimientos

Primero a Dios por haberme tocado con su amor, permitiendo que mi proceso de vida en crisis lo supiera asumir con valentía y fortaleza. Cada momento que pensé que no estaba a mi lado hoy quiero ofrendarlo y agradecer reconociendo que si estaba en silencio, esperando que yo decidiera tomarlo en cuenta en mi vida, gracias por ese mensaje que me llego como iluminación en uno de mis peores momentos donde estaba en soledad y obscuridad pero hoy gracias a Dios solo es un vago recuerdo.

A mí misma, porque hoy puedo decir que **YO SOY IMPORTANTE**, soy una mujer fuerte y llena de vitalidad, dispuesta a compartirla con quien me lo permita. He aprendido a respetar a todos los involucrados en mi vida, a los presentes, a los ausentes, a los que entraron en mi vida en este proceso y a los que decidieron salirse también, a los que se quedaron les quiero decir que GRACIAS a ustedes hoy gozo de la mejor versión de mí.

A mi hija **Marienoe Félix Hernández** al pensar que escribir de agradecimiento a esta personita se me vinieron las lágrimas sin poder detenerlas, a ella le debo mucho, tanto que tendría que escribir otro libro lo que compartimos en el día a día, ella sido participe de mis crisis y éxitos, cada letra escrita en este libro y en toda mi trayectoria va marcada con una ausencia del papel de madre hacia ella, donde me ha tolerado infinidad de cosas, aguardando pacientemente el que yo la pueda atender, la he visto quedarse dormida parada o sentada en el sillón de mi casa o en mis pies, mientras yo me desvelaba por plasmar todo lo que quise compartir en este libro. Ha sido la mujer que me ha enseñado a amar, gracias a ella conocí el verdadero amor y lo disfruto día a día en el aquí y el ahora, la he tenido pasando hambres, sed y conflictos en mis tiempos de crisis y solo Dios sabe cuántas veces a pesar de todo hemos mantenido esa sonrisa que nos destaca. Te agradezco hija tu fortaleza, tu inteligencia y tu intercesión en algunos momentos donde me has tenido que justificar frente a los demás mi cansancio, a tu corta edad eres una mujercita muy inteligente y madura. Este libro es parte de ti eres mi socia como en todo lo que emprendemos. Cuando aprendas a leer quiero que sepas que TU ERES IMPORTANTE, si yo un día falto, con este libro tendrás las armas suficientes para ser la mujer de bien que estoy segura que serás sin embargo también quiero agradecerte por todas las sonrisas, juegos y distracciones que han disipado mi cansancio, te agradezco las conversaciones que te tenía que cortar para que me dejaras concentrar, te agradezco las veces que te quedabas sentada a mi lado aburriéndote, las veces que juntas veíamos las clases de mi mentor mientras me platicabas con orgullo que tú eras su alumna también o cuando me pedias que lo pusiera porque te gusta escucharlo. Te agradezco por los momentos que me sirves de mentora dándome las mejores lecciones de vida. Eres lo mejor de mi vida y este libro también es tuyo **TE AMO HIJA MIA, CON TODO MI CORAZÓN.**

A mis padres y hermanos, que han estado como ángeles terrenales para mí, que han respetado todo mi proceso con amor y me han permitido florecer aún a costa de una ausencia física, pero jamás del corazón. Los amo y estoy eternamente agradecida que me han permitido ser.

A mi mentor Edgardo Moreno, que ha sido más que un mentor un amigo o familiar que me ha apoyado en mis momentos de crisis y hoy es coparticipe de mis éxitos.

Al padre de mi hija por su incondicional apoyo al inicio de esta nueva carrera.

A mis amigos/as que me han tolerado momentos de ausencia por estar presente en mis actividades, gracias.

A las personas que se han convertido en mis colíderes siguiendo las recomendaciones que por más de siete años les he dado y les ha permitido cambiar de vida.

A las personas que me siguen en mis redes sociales (especialmente PERISCOPE y FACEBOOK) en mis inicios fueron las plataformas que me impulsaron y que escuchan fervientemente mis videoconferencias, permitiéndome entrar en sus vidas y en sus corazones. Aún seguiré con esta buena práctica que he implementado a lo largo de mi trayectoria. A mis grupos de Facebook que aceptan los consejos que comparto.

Al grupo "Salud Mujeres y Algo más..." que han sido confidentes de mis quejas y cansancios. Aquí está el fruto de ellos y lo comparto con ustedes chicas son geniales.

Y por supuesto, gracias a ti que adquieres este libro, que está hecho de lo más profundo de mi corazón y estoy segura te ayudará a encaminarte para fungir como una lámpara, descubrir en la obscuridad que hoy vives todos los dones y talentos que ya tienes y que solo hace falta que te pongas frente a ellos para que logres generar movimiento en tu vida y por supuesto, regresar a ti.

Prólogo

Este libro lo realicé mediante mi testimonio personal de vida, poniéndome a hacer acciones encaminadas a salir de mis propias crisis, apoyada por libros y mentores especialmente Edgardo Moreno, con grandes proyectos como fueron la MENTORÍA 10X, LA ACADEMIA DE EXPERTOS 2015 y 2016 entre OTROS. Me abrió la posibilidad de cambiar mi ámbito laboral, que poco a poco les contaré cómo fue y cómo me hizo hoy tener Amor, Salud y Prosperidad.

Ha sido la Dioscidad (no es coincidencia fue obra de Dios) más grande que me ha pasado. Por lo regular, las personas vivimos en un estado de confort alto donde la negatividad nos inunda y nos pone en sombras y esas sombras impiden ver lo maravilloso que es tu ser. Tu eres grande y poderoso el problema es que no lo vemos. Sin embargo, la madurez nos llega a todos en algún momento, la mayoría de las veces a base de caídas y fracasos en nuestro caminar y para mí no fue la excepción. Desde pequeña tuve que ir tomando decisiones de las cuales he ido aprendiendo cada día y sé que algunas de ellas me expusieron a peligros que pude haber evitado.

Soy la cuarta hija de 6 hermanos de una familia latina, con unión y fortalezas. Desde pequeña siempre fui muy inquieta en los negocios y no había algo que no se me ocurriera que no haya realizado, para abundar el dinero que me llegaba a mis manos, gracias a Dios trabajé de niñera, de mesera, de cajera de en un antro, ayudaba hacer galletas a una señora que vendía en una esquina, vendía pantalones en el tianguis y le ayudaba a mi padre de profesión topógrafo, en la medición en campo y realización de planos, todo esto antes de decidir que estudiar desde mis nueve o diez años ya era una niña muy activa.

Desde la secundaria mi madre me decía que me sentía muy autónoma y eso me daba ánimos para seguir por buen camino. Poco a poco me lo fui creyendo más, cuando decidí entrar a la carrera de arquitectura fue con la convicción que la iba a terminar, sabiendo que era difícil el mantener esa carrera económicamente hablando, por el sueldo de mi padre y con 6 hijos en la escuela, sonaba casi imposible así que decidí tomar la responsabilidad de mi persona buscando la forma de continuar con mi carrera.

Entre a trabajar de becaria en el ayuntamiento de gobierno municipal de mi ciudad natal Taxco, Guerrero. Mientras estudiaba mi carrera trabajaba y emprendía a la vez, ahí fue donde comencé a estar en disgusto con la jornada laboral, que la mayoría, viven sin querer, ni disfrutar lo que hacen, solo aceptando ordenes por la necesidad económica, lo cual, solo provoca estrés y bloquea la capacidad de la persona, porque a pesar de que puedes hacer más cosas en tu horario laboral, decides hacer solo lo necesario y espaciado en las horas de trabajo, simulando así verte "trabajando", lo cual no era mi forma de laborar, me encantaba optimizar mi tiempo y hacia cosas que no me correspondían o me ponía a limpiar el área si acaso terminaba mi labor, así que comencé a chocar con las personas que ya llevaban más de 15 años en el mismo puesto, y que se sentían opacadas con los logros obtenidos por los trabajos en equipo que logramos en esa administración dejando atrás los expedientes físicos para pasar más de 10,000 de ellos a un sistema computacional y con ello un mejor servicio al cliente.

Terminé mi carrera y mi primer trabajo fue en Morelia Michoacán, teniendo que decidir dejar a mi familia, a la cual amo mucho y trato de estar con ellos, aunque no físicamente, pero si con todo el corazón. Estuve 6 meses desempeñándome ya como arquitecta, pero aún no titulada recuerdo que fue una experiencia hermosa de la cual tuve muy buenos compañeros que facilitaron todo el trabajo haciendo un muy buen equipo.

La siguiente aventura fue trabajar en un pueblo llamado Mezcala, Guerrero en una mina Subterránea, obteniendo el puesto de topógrafa que era sabiduría heredada de mi padre Fernando Hernández Hernández, sin embargo era entrar en un ambiente de hombres, en una mina subterránea, encontrándome con la realidad de ese tiempo la cual marcaba que yo como mujer y con apariencia de menor edad, no tenía las mejores oportunidades es ahí donde me mostro la vida lo difícil que puede ser el clima laboral, sin embargo me hizo ir agarrando carácter, puedo mencionar mil experiencias, de lo que sucedía en el día a día, pero la que más me marco, fue en la tercer semana de trabajo ya que se me presento una prueba   complicada, que me demostró y les demostró a mis jefes y empresa, que estaba ampliamente capacitada (estaban mal la información del topógrafo anterior lo cual lo descubrí y eso evitó una perdida mayor) para el puesto… además que me abrió paso a mi camino de éxito.

En ese lugar conocí al padre de mi hija, con el cual compartí 7 maravillosos años que dieron fruto a ese hermoso ser, que es mi hija. Gracias a la decisión de separarnos me hizo entender que en algún momento de mi enamoramiento había decidido entregar mi poder de decisión a alguien más permitiendo así caer en un estado de confort que me costó mi matrimonio, sin embargo lo agradezco hoy en día porque me hizo escribir   estas líneas, conocer a personas tan extraordinarias como lo es Edgardo Moreno y otros mentores haciendo que formara en mí, la mejor versión que he conocido de mí misma, hoy tengo equilibrio, soy una persona fuerte, amorosa, saludable, feliz, prospera y exitosa. Pero volvamos a la historia, aprendí lo que es vivir en la rutina, que es algo que no le deseo a nadie y sin embargo es el modo de vivir de todos, ese estado te inunda de momentos y pensamientos repetidos que vives en automático o sea ya esas acciones las haces sin esfuerzo y no te das cuenta de que es como si anduvieras en un barco en altamar gastando tus mayores recursos: TIEMPO Y ESFUERZO PERSONAL los cuales jamás vuelven. Ten cuidado hoy, has un análisis y ubica todos esos orificios que están desencadenando en automático, fugas que están dejándote sin energía, como lo son la pérdida de tiempo en cosas no importantes, como lo es malgastar las mejores herramientas de la tecnología en cosas de morbo, sexo, palabras obscenas, como lo es tu forma irracional de reaccionar, etc.

Saben yo tenía todas esas fugas viviendo en mis crisis, con negación, tristezas, enojos, culpas, inconsistencias, totalmente escuchando a mi ego que me decía que yo soy fuerte, que a mí nadie me quiebra, en pocas palabras dicho mexicano "soy Juan Camaney" entonces vivía en una fortaleza en la que yo me refugié arrastrando a mi hija y haciendo a un lado a todas las personas que me aman y que se preocupaban por mí, Hermanos, padres, familiares en general y amigos, que vivía mi duelo fuertemente atados de manos porque como yo era "la señora felicidad", pues no demostraba los sentimientos aunque por dentro claro que los tenía a flor de piel, llena de cansancio acumulado por cargar todo el peso sin pedir ayuda a nadie, desde mi entorno hasta mi propio ser supremo estaban olvidados y yo encerrada en esa fortaleza.

¿Que más me pesaba? Tener mala comunicación, tenerme descuidada en todos los sentidos, mente, físico, emoción y espíritu, sin embargo hoy sé que mi persona está compuesta por diferentes papeles que debes cubrir y cuidar por separado, y que debemos de hacer esa conexión entre ellos mismos la dichosa congruencia que lo que tú digas, escuches y hagas sea totalmente equilibrado, ingresamos negatividad, más otros ingredientes que en el día a día nos generan inconsistencias y que convierten en una bomba de tiempo o una olla exprés nuestro ser ¿qué puedo expresar ahora que he aprendido mucho a aceptar responsabilidades? que todo eso tiene solución pero que aún en ese momento no conocía esa sabiduría que hoy invade mi ser...

Como les he estado escribiendo y volviendo a la historia la vida está llena de decisiones, así que tiempo después de llevar una vida de ensueño, simplemente llego el punto de quiebre. El ser tan amado, decidía dejarme, con la excusa que "estaba confundido y no sabía si se le había acabado el amor", yo en ese mismo instante y recibiendo sus palabras que quebraron algo más que mi corazón... mi alma, porque era el hombre perfecto a mis ojos, mis impulsos del no saber reaccionar se activaron y decidieron abandonarlo, diciendo las palabras mágicas para ese punto de quiebre "con que estés confundido me basta, nos vemos" agarre el teléfono le pedí a mi hermana una tarjeta de banco para comprar mi vuelo para irme a refugiar con mis padres, en ese momento de quiebre caí en veinte que no tenía nada, que estaba vacía, que ni para salir corriendo tenía algo que me respaldara.

No lo pensé, créanme, ya cuando mis niveles de ira bajaron, reaccione y pensé que iba hacer yo sola con una nena de 10 meses, sintiéndome inútil, sin ninguna habilidad, sin ningún sueño, wow reflexioné que todo eso lo había provocado, el tiempo de crisis llamada "el primer año de un bebe en casa", así que me propuse después de pasar el peor diciembre de mi vida buscar trabajo en minas donde era especialista, donde antes me sentía feliz, donde disfrutaba cada acción que hacía por muy pesada que fuera, logrando acomodarme inmediatamente iniciando al siguiente enero de 2013... amaba las minas y en ellas encontré regresar a generar economía por mi cuenta, a la fecha de ello no puedo objetar su apoyo económico era suficiente para no padecer, pero mi sed de siempre mejorar me hizo tomar decisiones a veces equivocadas, como fue irme a los trabajos de minas llevándome a mi hija, con el apoyo de una empresa que valoraba mi trabajo, y donde fui más que consentida. No sucedió una mala experiencia, un error, ¿porque me llevé a mi hija?, ella enfermo según el doctor del pueblo era una simple infección de oído que solo cuidados básicos se le iba pasar, sin embargo fueron 10 días de cuidarle calenturas altas por las noches y de día enfrentarme a fríos de menos doce grados centígrados y por trabajar en la intemperie, días pesados pero mi frustración vino después cuando me enteré que había sido neumonía silenciosa, me enoje con mi ex esposo, lo culpe, lo odie, lo aborrecí creyendo la tonta idea de que había sido por su culpa que mi hija se hubiera expuesto a tal enfermedad, hoy entiendo que la culpable fui yo y mis tontas decisiones, sin embargo le agradezco a mi hija su fortaleza y su organismo que tolero, a sus 11 meses de edad una neumonía silenciosa pasándola sola, con medicamentos para infección en el oído por tenerla en una comunidad que no existían pediatras y que mi desconocimiento y ayuda del doctor que me decía que si bajaba la sierra con ella con su infección iba perder el oído, que de haber sabido que pudo haber perdido la vida en la primer hora dejo todo, pero en fin es parte de mi vida y con ello mi crecimiento personal todas los momentos que se me presentaron fueron los que formaron lo que ahora soy y eso se lo agradezco a Dios.

Ya superado puedo decir que a pesar de haber pasado pruebas muy duras fue lo mejor que paso ya que separada, continúe con mi caminar profesional en minas, aportándome la vida pruebas cada vez más duras y fuertes, las cuales fui superando y me dieron mucha madurez y aprendizaje, en el caminar de toda mi vida, siempre he tenido el apoyo de mi familia, han estado ahí en el día a día, en llamadas, mensajes, video llamadas, físicamente cuidando a mi hija, apoyándome viviendo conmigo, mientras yo iba forjando mi futuro.

A los dos años después de separada teniendo un continuo aprendizaje el cual fui anotando poco a poco en una lista de actividades que plasme en una hoja de lo que tenía que hacer para superar mi crisis, desde mi separación, la cual al no ser esperada fue un shock total y de la que derivaron los peores pensamientos que uno puede sentir, como lo es el no poder salir adelante y que aun teniendo carrera, apoyo económico y moral, me invadió el miedo de volver a recomenzar mi vida ahora con una boca que alimentar y un ser hermoso que educar, mientras paso el tiempo fui superando la depresión y fui anotando el "cómo", paso a paso iba saliendo de mis crisis, ubicando las cosas que no me estaban haciendo feliz, la principal estar lejos de mi hija para trabajar arduas jornadas por brindarle a mi parecer en ese momento mejor economía, al momento que termine esos 30 renglones de esas actividades que realice para salir de mis crisis y que me han marcado, me sugirieron este nuevo caminar que yo lo hago principalmente como una manda de demostrar que si se puede y que mejor ejemplo que todo lo que les he compartido en este testimonio.

¿Cómo Fue? Un día estando en el cuarto de descanso, se me ocurrió leer estos renglones en vertical y me impacto el mensaje tan grande que halle en forma de un acróstico, decía **ERAS NADIE HASTA QUE REGRESASTE A MI**, lo cual me hizo comprender que cuando estaba en la gloria, me olvide de Dios, me olvide de agradecer, me olvide de integrarlo en mi vida, cuando tuve mis crisis fue al primero que culpe y con el que me enoje creyendo que no merecía lo que estaba pasando... me arrodille pedí perdón a Dios y pedí que si esa lista valía la pena compartir me pusiera los medios, lo repito lo vi como una manda de agradecer a Dios todo lo aprendido y ha sucedido, es algo que vale la pena compartirlo y me lo permitió a tal grado que estoy escribiendo estas líneas en este libro, y agradezco la oportunidad de hacer este libro para hacerlo llegar a más corazones destrozados que no saben qué hacer con su vida... que viven inundados en crisis, en todos los aspectos, de la vida, así que decreto que esto así como me cambio la vida, logrará cambiar la vida de muchos que deseen salir de sus crisis.

Gracias a la Dioscidad (no es coincidencia fue obra de Dios) más grande que he tenido que es encontrarme con Edgardo Moreno puedo hacer extenso este mensaje con su intercesión le agradezco el aceptarme en la mentoría 10 x, después la academia de expertos 2015, la Maestría en multinivel, coaching Millonario y Academia de expertos 2016 y hacerlo de una lista, un programa y ahora este libro y ahora esta segunda edición, después de siete años de esto.

Hoy estoy lista y con el suficiente conocimiento que junto con la práctica me ha dado la oportunidad de encontrar en el valor de las personas que la divinidad me pone en el camino para ayudarles a salir de sus crisis y a mejorar sus finanzas con ideas tan excelentes como las aprendidas en todos los cursos que he llevado. Sé que es muy difícil lograr el éxito si no logras una estabilidad en tu persona hacía con tu entorno para así tener una mente abierta para cualquier plan de vida que desees lograr, por eso me siento con la capacidad de ayudar a las personas que desean salir de sus crisis.

Así que cuando les digo que fue la dioscidad (no es coincidencia, fue obra de Dios) más grande que he tenido, lo digo en serio... en este libro les explico mi programa principal de coaching derivado de esa lista mencionada con anterioridad.

Es una lista de actividades que fui haciendo y que después se me convirtieran en un curso que he dado por más de 1 año 7 meses al día de estas líneas mayo 2016, desde un grupo de señoras que me apoyaron para yo practicar siendo mi primer grupo hasta hoy (Cuando escribía el libro, hace seis años de esto) pasar por más de 1, 000 personas que han escuchado de manera dividida en transmisiones gratuitas por plataformas como periscope, face time y físicamente, y por más personas que han pagado el programa de 21 sesiones de transformación personal... y hoy se convirtió en este libro. Logrando convertirme en escritora, el decidir hacerme mentora... **Pat HC Mentora** me ha hecho muy feliz, quiero aclararles que no invente el hilo negro, solo que el acomodo que realice a esta lista de actividades que fueron la base a las necesidades que me ayudaron durante mi momento de crisis y por las cuales se por testimonio propio que funcionan.

Esa lista con el acróstico que me dio un mensaje divino me animó a emprender lo que hoy soy. Curiosamente los temas se dividen con respecto a lo que dicen las iniciales, **ERAS** habla sobre cómo estas contigo mismo, **NADIE** como estas con respecto al trato con los demás, **HASTA** habla de la importancia de poner tus límites y reconocer que tú eres lo más importante en tu caminar... en tu sueño, en tus realidades **QUE** es cuestionarte que quieres para ti y tomar acción, **REGRESASTE** es tomar un nuevo camino, salirte de tu área de confort, tomar acciones de todo lo que debes aprender según temas enfocados en tus dones y talentos además de accionarte en un plan de vida que beneficie a tu entorno, ya que sabrás manejar todas las situaciones que te meten en momentos de crisis y saldrás con el proyecto sobre qué quieres hacer con tu vida **A** es agradecer a dios lo aprendido, es aceptar que cuando nos va mal siempre es porque olvidamos nuestra relación con el ser supremo formando nuestros mayores dramas. **MI** en este apartado es cuando entiendo que es mi responsabilidad de que siga caminando en positivo, ayudando a los demás a salir de sus crisis para lograr ser más productivos, eficientes y prósperos con resultados que mejoren tu economía y sacarlos de **LA CRISIS AL ÉXITO**.

A este programa la llamé **DE LA CRISIS AL ÉXITO**:

Encuéntrate a ti mismo (Alma, Cuerpo y espíritu)
Respeta tu templo
Aprende a valorarte (Explórate y conócete)
Se lo mejor de ti

No aceptes basura de nadie
Aprende a relacionarte con las personas y el ambiente
Decir No, también es sabio (si no deseas hacer algo)
Imita los buenos hábitos
Expresa tus sentimientos

Haz lo necesario para todo

Acéptate – perdónate y acepta y perdona a los demás
Supera tus miedos y creencias
Tú eres lo más importante, y el pilar de los que amas
Amate y ama a los demás

¿Que buscas para ti?¡Hazlo posible!
Une tus piezas que armen tu felicidad
Energízate

Rompe reglas
Empieza Hoy
Genera un plan
Recopila lo más importante que te interese a tu plan
Enriquécete de temas sobre tu plan
Subraya lo que más te agrade
Aprende todo lo posible
Supera todos tus obstáculos
Termina tu plan
Emprende un plan nuevo

Agradece a Dios,

Mantente en movimiento
Invita a los demás a caminar en positivo

Este programa tiene temas diferentes que te ayudan a encaminarte poco a poco a liberarte de todas las crisis que hoy vives… quiero decirte que no invente el hilo negro son temas que existen y han existido desde hace mucho tiempo pero que curiosamente la forma en la cual fui realizando esas acciones me hicieron salir de mis crisis de forma rápida y concisa así que renglón por renglón desglosare lo que significo esas acciones para mí y que estoy segura que a ti también te dará una idea o te ayudara a salir de tus crisis…

claro según como te tomes en serio tu propio desarrollo personal, esto es una autoevaluación que te encaminara a un conocimiento de tu propio ser, y sé que cuando **TU APRENDAS A CREER EN TI, LOGRARAS CREAR TODO LO QUE HOY TE PROPONGAS**…¿Quieres acceso a ese conocimiento? Entonces sigue leyendo aquí comienza el proceso de transformación que si así lo deseas te encaminara al éxito y a salir de tus crisis… bienvenido

Oración (Pat HC Mentora)

Señor mío y Dios mío, en el 2014 me diste una iluminación que cambio mi vida y hoy te quiero dar gracias por haber entrado a mi ser fue una bendición que hoy en día, quiero compartir con cada uno de los que me acompañan en esta aventura que se llama vida. Te suplico, Señor mío y Dios mío, que en este momento entres en sus pensamientos de la persona que me está leyendo y que le hagas sentir todo tu amor, de tal manera que vea las cosas diferentes a como las ha visto en su pasado que sea capaz de lograr grandes cosas por qué tú le muestres la majestuosidad que existe dentro de su ser, que con tu toque sea sanada, liberada y bendecida... Sí, mi Señor, que pueda experimentar que Tú estás ahí para llenarla de amor y para hacerla sonreír siempre a pesar de las adversidades tú le muestres la belleza de la vida en pequeñas cosas. No dejes que ninguna circunstancia de las que hoy vive le quite las ganas de seguir adelante; multiplica sus dones por medio de habilidades nuevas; sus fuerzas y sus capacidades para que pueda responder con amor a lo que tiene que hacer, que todas sus reacciones sean enfocadas en ser feliz... Dale de tus talentos para que con alegría los pueda compartir con todos en su entorno, si a todos aquellos con los que se encuentre HOY.

Que esta persona que sé que amas, aún con los que ella cree que son defectos pido por qué esta persona que me está leyendo, aprenda amarse a sí mismo aún con esos deterioros, algo es cierto lo que para mis ojos pueda ser un defecto puede ser lo más maravilloso para alguien más, pido que esta persona pueda ver lo maravilloso que es y que lo que ella llama defectos le encuentre su lado positivo y lo llene de virtudes que le ayude a mostrar lo mejor de sí mismo y le ayude a potencializarse a tal manera que lo único que vea es lo grandioso que es, por qué lo es, solo que lo ha cubierto de maldad y cosas negativas que no le permiten ver lo que está bajo esas sombras pero sé que con la ayuda divina, lograra ver, si así lo desea porque entiendo que se nos otorgó un libre albedrío que es el que utilizamos en nuestra plena conciencia y decidiremos si vivimos al máximo o seguimos sobreviviendo... tú decides".

Te invito a ser feliz hoy, en el Aquí y el Ahora.

Capítulo 1

ERAS

ÁREA PERSONAL

ENCUÉNTRATE A TI MISMO

Hoy inicia un camino hacia tu autoconocimiento, en este capítulo te quiero dar la bienvenida a un pasaje de auto-exploración y lo dedicaremos a recordar lo valiosos que somos. Hasta el día de HOY hemos sobrevivido a nuestras situaciones cotidianas, pero quiero decirte que existen formas diferentes de ver la vida, cuando exploras en tu interior y logras sacar la mejor versión de ti es posible todo hasta lo que crees imposible... sin embargo ¿cómo lograrías mostrarla al mundo?... descubriéndola, a veces estamos tan fuera de nosotros, que desconocemos la mayor parte de nuestro interior, ¿estás listo para esta autoexploración? Iniciamos.... Quiero recordarte que este proceso es una autoevaluación y que este libro solo será una lámpara que te ayudara a poner luz donde hoy existen sombras que no te permiten ver, lo grandioso que eres

Es una tristeza ver que hoy en día tenemos tan desvalorizado al SER por estar más enfocados en la onda negativa que se ha apoderado del mundo entero, donde vale más o interesa más, personas que divulgan morbo, sexo, doble moral, obscenidades, groserías, juicios, criticas, agresiones hacia los demás como hacia sí mismos y viven creyendo que esa es la manera de vivir... de verdad es una tristeza que pertenecemos a una generación donde valoramos más las cosas materiales que las intangibles, porque como no se pueden palpar, no existen, esa información realmente asusta, por eso hablar de Jesús es más escandaloso que hablar de sexo y morbo, entre todo esto lo más triste es estar tan acostumbrado a las cosas que no nos gustan, porque vivimos con ello nuestro día a día y porque por desconocimiento y miedo a lo desconocido lo, hacemos un hacer repetido y puedes pasar días, semanas, meses, años la vida entera con lo que no te gusta quejándote y desvalorizándote a ti mismo por no buscar la manera de descubrir quién eres.

¿Sabes quién eres?, ¿Cuál es tu nombre?, ¿Cómo te visualizas en el futuro?, ¿Cuáles son tus sueños?, ¿Cómo tienes la relación con tu Ser Supremo? Y la pregunta del millón... ¿Te gusta la vida que llevas?_____

¿por qué?_____

Estas Respuestas atesóralas y el día que termines de leer este libro, vuélvelas a contestar... te sorprenderá tu crecimiento personal que habrás descubierto...

"Recuerda tu eres importante, eres alguien muy valioso que está sobradamente capacitado para lograr todo lo que hoy se proponga, si te hace falta que alguien te diga que eres importante, basta que te mires en el espejo, y dilo, 1, 5, 10, 15, 1,000, las veces necesarias hasta que te lo creas... porque en realidad es cierto, vales mucho y si te enfocas en ti y aprendes a creer en ti, lograras crear todo lo que te propongas" (Pat HC Mentora)

Quiero hacerte varias preguntas

1. **¿Las ilusiones que pusiste en el año que termino, se han cumplido??** Qué tal si se han cumplido muchas de ellas, o piensas que debiste haberte tomado más enserio esos planes o de plano crees que estás pasando sin pena ni gloria y sin nada nuevo... según la respuesta que tengas es lo feliz o decepcionado que estés con tu vida.

2. **¿Tienes la sensación de arrastrar muchas metas pendientes?** Si crees que arrastras pocas, o más o menos, pero confías en que las importantes las realizaras o tantas que ya has tirado la toalla...según lo que respondiste será tu nivel de satisfacción de tu vida, si no has logrado los objetivos propuestos hoy decide ponerte frente de ellos y a luchar por lograrlos

3. **¿Te sientes querido y comprendido por la gente que te rodea?** Si es así te felicito, tienes una gran familia que sabe inculcar valores o ¿crees que solo para un grupo reducido que se llama familia eres importante? o peor aún sientes que a nadie le importas, sintiéndote tan solo y vacío... según con lo que te identifiques será tu grado de aceptación de ti mismo, recuerda está en nuestra responsabilidad hacer que las cosas sucedan y más aún amate y compréndete tu cuando lo hagas, no ocuparas la aprobación de nadie.

4. **¿Te motiva tu trabajo o cada día rindes menos?** Si es que si te felicito eres de un

grupo reducido de personas que poco a poco se están integrando aún más personas a amar lo que hacemos a estar contentos y agradecidos por cada cosa que se hace y por cada habilidad nueva que le ingresas a tu ser haciendo de cada día una aventura divertida que bien vale la pena experimentar, o solo la llevas bien procurando esforzarte lo necesario para llevar el modo de vivir y estilo de vida que llevas, o peor aún sientes que se ha convertido una condena, cada día tu caminar sintiéndote vacío y pagando un alto costo por no sentirte realizado... Según tu respuesta es la forma de vida que hoy estas manteniendo solo existe una línea delgada de satisfacción, cuida tu salud, el estrés hoy en día se ha apoderado de las personas y el vivir en quejas es el pan de cada día, ama tu trabajo, búscale algo divertido o de plano muévete de él y busca uno acorde a tus dones y talentos o emprende logra tu propia compañía, pero por favor no sacrifiques tu felicidad ella la debes vivir todo los días, tal vez no todo el día pero si con lapsos cada vez más cercanos entre ellos.

5. **¿Qué actividades tengo para mis fines de semana?** Si sales y disfrutas de tus seres amados, familia, amigos, comunidades y te la pasas realmente bien te felicito eso es disfrutar de tu tiempo libre, o eres de las personas que ocupan su fin de semana para dedicar tiempo para hacer las tareas de la casa, refunfuñando y peleando con tu entorno porque no te ayuda, o peor aún solo te conformas por pasarte horas delante de un televisor en pijama rogando no ser molestado

por nada ni nadie sintiéndote solo y vacío…La felicidad es interior no exterior por lo tanto, importa más lo que somos que lo que tenemos, valora hoy que tienes la oportunidad de abrazar a los que amas, a tu padres por ejemplo no esperes una silla vacía para hacerlo, disfrútalos hoy también de tus hijos que de bien hoy te permiten les beses mañana les dará vergüenza enfrente de sus amigos y pasado si se acuerdan de ti te visitaran si su agenda se los permite, que estas sembrando hoy.

6. **¿Estas satisfecho con tus relaciones de pareja?** Si crees que te va muy bien en este campo, sintiéndote realizado, enamorado, estando en una relación divertida y genial wow ese es algo formidable, verdad que se siente padre experimentar esa plenitud, o estas disfrutando aunque crees que ya no es como antes y sientes que la rutina y monotonía se ha apoderado de tu relación, o peor aún estas totalmente desinteresado por el sexo y aunque tengas o no tengas pareja es algo que no te apetece cuidar… quiero decirte que dejémonos de tabúes la satisfacción personal se llena de cumplir necesidades fisiológicas que en todo momento necesitarás cubrir de la manera que mejor te convenga, el afecto es una necesidad básica que te debes permitir disfrutar, no hay nada malo en ello.

7. **¿Te agobian las nuevas tecnologías?** Si hoy tú las estas disfrutando sin problemas ni excesos te felicito son herramientas que si las utilizas adecuadamente podrían darte beneficios económicos muy deseables

convirtiéndote en una persona 2.0 y con ello en una persona actualizada y experta en tu ámbito laboral, o eres de las personas que no les agobien las tecnologías al contrario viven cada día mas enganchadas al internet para ver los chismes, catástrofes y morbos que la mayoría nos hace favor de subir día a día, o peor aún te agobian que cada que debes cambiar de móvil es toda una complicación... según tu respuesta es el grado de interés en hacerte cargo de ti mismo, ¿suena ilógico? No si no eres capaz de discernir lo importante de lo irrelevante estamos en un gran aprieto las tecnologías hoy en día son utilizadas y bombardeadas para el lado negativo donde es más importante reportar escándalos que logros profesionales o donde siguen más a personas desnudándose ante mil espectadores que personas esforzándose por dar información de valor sea cual sea el ámbito, debemos de vibrar diferente si utiliza la tecnología, es muy buena pero utilízala para crear cosas lindas, crear un nuevo estilo de vida, crear una nueva dirección de pensamiento cargado a lo positivo.

8. **¿Cómo te sientes de salud y animo últimamente?** Si te sientes bien con ambas te felicito sigue vibrando así, cuida de tu físico, cuida de tus emociones y con ello vivirás en plenitud y con ello eres un hombre o mujer que ama la vida que lleva y lo demuestra con el esmero que le da a su persona, o eres de los que tienen días buenos y días malos pensando quizá si ocupas un esfuerzo extra para ponerte en forma, o peor aún eres de las personas que creen tener una enfermedad

rara y te la vives agotado y deprimido...según tu respuesta es la necesidad de un cambio urgente de hábitos, ya que ellos son los que te tienen en donde hoy estas y como estas, recuerda que tú debes ser tu mejor guardián.

9. **¿Te gusta ver lo que vez en el espejo, cuando te paras enfrente?** Si es así te felicito nuevamente el lograr mirarte al espejo y durar observándote viendo todas esas particularidades que te hacen ser tú, sacándole partido a todo lo que te pongas porque te consideras guapo o bella, o eres de las personas que se aceptan pero meten la panza pensando que deben hacer algo para que los demás los acepten más, o peor aún eres una persona que no le gusta nada lo que ve, que se siente envejecida y ni siquiera tolera el mirarse por más de 5 segundos mucho menos a los ojos...según tu respuesta es como te conoces y sabes de tus grandes cualidades, retos por enfrentar o miedos que vencer

10. **¿Cómo está tu relación con Dios?** Eres de las personas que se la pasa agradeciendo, bailando cantando y disfrutando de las bellezas que él nos ha dado como hijos que somos, o eres de las personas que por cumplir un día a la semana creen que es suficiente para alimentar el alma, o peor aun eres de los que ni siquiera te paras frente a ningún lado que hablen sobre adorar a Dios en todas sus denominaciones... según tu respuesta dependerá el cómo vez hoy la vida, no quiero entrar en enfrentamientos pero para mí Dios es el amor universal, Jesús es el camino para

llegar acercarse a esa divinidad y yo un canal vivo que tiene dentro ese espíritu que me induce a disfrutar de las bellezas de la vida sin excesos, sin desplantes, ni momentos de superioridad, al contrario sabiendo que entre más camines hacia tu autodescubrimiento más te acercaras a Dios.

Entonces según tus respuestas tienes tres opciones de verla la vida favorable, neutra y desfavorable, pero para los tres estilos este libro tendrá respuesta
Favorable: Tus grandes cualidades es saber priorizar lo que de verdad deseas, te ayudare con metas pendientes, pero con planes hechos listos para realizarlos, tu si te sientes bien y tienes el ánimo alto y vas en comunión con tu ser supremo vas totalmente encaminado al éxito que de bien lo lograras pronto. Si estas vibrando en neutral la tienes fácil tienes metas pendientes que si hoy decides ponerte frente a ellas lograras sacarles el mayor provecho. Si estés en tu lado desfavorable no te preocupes hare propuestas para ti, para que salgas de tu zona de confort y te decidas ser feliz y lo serás y además vencerás al miedo que hoy no te deja avanzar y ¡tendrás éxito!

Este cambio es total

M	ES	E	F
MENTAL	ESPIRITUAL	EMOCIONAL	FISICO

GENERA LA ENERGÍA CORRECTA

ES UNA INVERSIÓN EN ALGO INTANGIBLE, DONDE SE CAMBIARÁN LOS PATRONES DE COMPORTAMIENTO, SE TRABAJARÁ EN LA DISCIPLINA, RECUERDA QUE, PARA SEMBRAR,

HAY QUE QUITAR LA MALEZA ¿ESTAS DISPUESTO EN PREPARAR TU TERRENO PARA RECIBIR PROSPERIDAD?

Dicen que tenemos todo el tiempo del mundo, creemos que todavía somos jóvenes, que no nos falta tener prisa, ¿porque buscar cosas del futuro?, bueno porque es la forma más rápida de saber qué quieres para tu vida, es tu vida has lo que amas y hazlo pronto, si algo no te gusta simplemente cámbialo, ¿hoy que quieres hacer por tu vida? Hazlo. ¿Te mueres por decir lo que sientes? Dilo. ¿Piensas que puedes ser mejor? Trabaja duro, no busques más excusas, simplemente hazlo no sabes cuándo será tu último momento de vida, nunca sabes cuándo será demasiado tarde… ¿si hoy estás viviendo con algo que no te gusta? Cámbialo, que eso no te haga detenerte y no luchar por lo que quieres, ve por todo lo que amas tienes dos opciones esperar que las cosas pasen o hacer que pasen… que prefieres.

Pero recuerda tú has vivido con lo que no te gusta por mucho tiempo, Hoy es la oportunidad de deshacerte de todo lo malo, cuando tú tienes un terreno que deseas sembrar para tener prosperidad, no puedes ir a regar semilla donde sea y esperar que alguna caiga en tierra fértil. Es mejor preparar el terreno y hacerlo fértil, ¿es mucho trabajo? Si, debes quitar toda la maleza (malos pensamientos y hábitos que te tienen donde hoy estas)se debe quitar toda esa tierra erosionada e infértil que cubre a la tierra buena (todos los rencores, culpas, quejas que nos mantienen en nuestro estado negativo), cuando retiras toda esa capa aun tienes trabajo por hacer, preparar el terreno (estudiar e invertir tu tiempo en conocerte), arar, para que se quede listo el surco donde colocaras la semilla con amor (escogiendo que buscas para ti, haciéndolo posible), de ahí esperar que la semilla germine (desarrollando habilidades que te vuelvan experto en lo que estas realizando), cuidando que las hormigas no la deterioren (no permitiendo que tu entorno te diga que tú no puedes), y mientras crece quitar toda plaga que la quiera destruir (aquellas personas y situaciones que quieran sabotearte, te hagan perder el tiempo y no te permitan avanzar), hasta que llegue el día que brota el fruto (que te conviertes en experto en lo que estás haciendo) esperando que madure para poder saborearlo(llegando con esa madurez tu éxito personal)

De ti depende en que estas empleando tu tiempo, pero sé que cuando te encuentras a ti mismo logras crear lo que desees no olvides todos los días mirarte en el espejo y decirte que tú eres importante, repítelo y repítelo hasta que te lo creas porque en realidad es cierto.

RESPETA TU TEMPLO

En este subcapítulo comprenderás el valor de tu físico, como los excesos sobre tu cuerpo, llega un grado en el que te dañas a ti mismo sin darte cuenta, cualquier exceso es lo mismo el exceso de comer, de no comer, de hacerse cirugías, de no poder verte en el espejo por no gustarte lo que vez, etc. son alteraciones a tu templo, ¿tu físico es tu templo lo sabias? Y en la medida que lo cuides, serás bendecido con beneficios o con perjuicios que después te cobraran la factura, todos somos ricos y la riqueza que tenemos es estar completos, con extremidades y sentidos, órganos, sistemas, y todo aquello que nos compone. Solo que silo conjugas con una mentalidad pobre no ven todos los beneficios y lo que pueden hacer con ellos, actividades que llenan el alma como amar, besar, abrazar a tus seres queridos y que comúnmente nos vamos olvidando de hacerlo

Nuestros cuerpos fueron creados a imagen de Dios. Ese conocimiento influye en la forma en que tratamos nuestro cuerpo y cómo nos sentimos acerca de nosotros mismos. Cuando tratamos nuestros cuerpos como templos de Dios, obtenemos bendiciones físicas, emocionales y espirituales MI CUERPO ES MI TEMPLO (Jesús expulsa del Templo a los mercaderes. Sn. Jn. II, 13-22!!!)

Cuando ponemos en comparación a una mujer delgada por comer demasiado poco, una mujer con sobrepeso por comer demasiado y una mujer con demasiadas cirugías plásticas en su cuerpo, creeríamos que no tienen alguna semejanza, lo cierto que si la tienen, manejan su vida con excesos, que al no percatarse de ellos les está provocando no aceptarse tal y como son. **"Cambia lo que puedas, y lo que no acéptalo"**

Todos somos diferentes por fuera, podemos ser bajitos, altos gordos, flacos, rubios, pelirrojos, morenos, blancos, apiñonados etc. Pero por dentro somos completamente iguales tenemos los mismos sistemas, los mismos órganos, los mismos sentidos, extremidades, etc. entonces porque algunos, nos sentimos superiores que otros… no debería ser el caso de tratarnos con diferencias por ser de piel, ojos o cabello diferente debes recordar que tú eres especial, todos los rasgos que tienes son los que definen tu individualidad, así como te crearon eres perfecto. Debemos de entender que somos completamente ricos… tenemos todo, en el lugar que debe estar, lo que nos conforma como seres humanos, pero ¿qué harías si no tuvieras manos o pies o algún sentido activo?

Hagamos una dinámica

Intenta amarrarte la agujeta de tu tenis, sin utilizar las manos ¿Qué se te vino a la mente?

Tal vez si tú no tuvieras las manos, desarrollarías un sentido extra que te ayudaría con esa y otras tareas, pero ¿porque hasta que te imaginas que no tienes un sentido activo se piensa en que existen otras habilidades que se podría desarrollar y poder salir de nuestro lado cómodo? Entonces debemos aclarar nuestras ideas sobre nuestro cuerpo físico, saber que en todo momento puedes desarrollar habilidades nuevas que tengan que ver con tu trabajo físico, utilizando las manos, mente y corazón.

El aspecto físico de una persona en lo primero que ven, por eso es la importancia de dar una buena impresión en la primera vez que te vean, porque es donde te analizan y con respecto a lo que ven en tu aspecto físico, influirá en la opinión que se formen sobre de ti, por ello le debemos dar importancia a la apariencia externa procurando mejorar lo que nosotros consideramos defectos combatiéndolos con virtudes y trabajo duro, pregúntale a alguien que no tiene la parte de su cuerpo que para ti la consideras como defecto ejemplo que tal le parecen tus pies o la parte física que consideras limitada y veras cuan extraordinario seria para la persona que le falta mirándolo a través de sus ojos... la pregunta es porque   a   través   de   los   tuyos no?_____

Dato curioso es que las personas que se gustan a sí mismas, independientemente de su atractivo tienen más facilidad para gustarles a los demás, porque basan los atractivos en la seguridad que tienen sobre ellos. Por otra parte, si no estás a gusto con tu cuerpo, a la larga esta percepción puede minar tu autoestima e incluso favorecer a la aparición de trastornos tan graves como la bulimia la anorexia entre otros.

Tu grado de satisfacción con tus características físicas, es el responsable de las decisiones que tomes, desde la inquietud de mantenerte como estas, hasta el punto de cambiar la percepción de aceptarte tal y como estas, para lograr mejorar algunos descuidos que sin darte cuenta has estado provocándote, el tiempo que empleas en arreglarte, tu aseo personal, cuidado de tu físico, el tipo de ropa que usas según la estación del año (ya que muchas veces te vistes ocultando ciertas partes de tu cuerpo que no te gustan), cada que te miras al espejo tus características atrayentes salen a relucir o prefieres ver "tus defectos", trata de no compararte con nadie tú eres único, si no estás conforme con tu peso mejóralo, que jamás te de pena tu físico ni cuando te tengas que exponer en una relación íntima a que te vean por completo, utiliza los cosméticos para ayudarte un poco y sentirte a gusto con quién eres y entonces logres ver en el espejo la mejor versión de ti que te sientas feliz por quién eres. "la felicidad es como la gripe... un estado que se trasmite, se contagia y se propaga, así que te invito a que hagamos una pandemia" Pat HC Mentora

La intención es que logres estar ENCANTADO DE CONOCERTE conforme con tu aspecto físico. Este hecho te ayudara a sentirte más seguro de ti mismo. Eso sí mucho ojo con la autoestima elevada. ESTAR CONFORME CON TU ASPECTO es estar satisfecho contigo mismo, aunque reconociendo que debes mejorar algunos aspectos de tu físico, es bueno

realizar una autocrítica para mejorar algunos aspectos sacando la mejor versión de ti y nunca para hacerte sentir mal, estar bien, si es posible mejorar en lo que no te gusta recuerda que si NO TE GUSTAS NADA tal vez solo sea cambiar la percepción que tienes de ti mismo No hay peor critico que uno mismo, si tú no te gustas, como vas a gustarle a otros, no olvides que tú eres tu mejor carta de recomendación y presentación
POTENCIALÍZATE!!!
Se debe pagar el precio de la transformación, te invito a llevar este proceso con las 5 "D" al éxito. Deseo, Decisión, Determinación, Disciplina y Diversión.
Es cambiar patrones de comportamiento para poder llegar al éxito debes de aprender a disfrutar desde el proceso.

(Dinámica escribe lo que deberías de combatir en tu área física)

¿QUE DEBES HACER PARA MEJORAR TÚ FÍSICO?:

SALUD

Eliminar:

Reducir:

Incrementar:

Potenciar:

ALIMENTACIÓN

Eliminar:

Reducir:

Incrementar:

Potenciar:

EJERCICIO

Eliminar:

Reducir:

Incrementar:

Potenciar:

CUIDADO PERSONAL

Eliminar:

Reducir:

Incrementar:

Potenciar:

INTELIGENCIA CORPORAL

Eliminar:

Reducir:

Incrementar:

Potenciar:

APRENDE A VALORARTE (Explórate y Conócete)

Quiero comenzar este sub capítulo escribiendo la frase de Tales de Mileto que dice: **"LA COSA MAS DIFÍCIL DEL MUNDO, ES CONOCERSE A SI MISMO"**, lo cual lo comprobé en ese tiempo en el cual me estaba conociendo a mí misma, hoy puedo dar las gracias por haber pasado ese proceso ya que es el paso mayor a lograr el éxito el **DOMINIO DE SI MISMO**, ahora que estoy como coach y mentora es la dinámica que más utilizo, la adecué a lograr que con ella pudiésemos confrontarnos si es posible todos los días, es ponerte frente a un espejo, decir 5 cosas positivas (utilízalas para potenciarlas) y 5 cosas negativas (jamás las utilices para auto flagelarte, si no para combatirlas con cosas positivas y virtudes)… el resultado de esta dinámica y en repetidas ocasiones por estos casi dos años que la he implementado es, que la mayoría no se conoce, se les dificulta hablar sobre ellos mismos, terminan hablando de sus motivaciones como los hijos la pareja, familia etc. Pero sobre de ellos ni a los ojos se permiten ver. Tenemos dos cosas por hacer al enfrentarnos a nosotros mismos aceptarnos y superarnos.

ACEPTARTE SIGNIFICA Reconocer objetivamente nuestro modo de ser, físico y psíquico.

Saber perdonarse, Reconocer nuestras cualidades, aciertos y nuestra dignidad de personas.

SUPERARTE SIGNIFICA Conocer y aceptarte no deben conducir a la resignación, ni a la indiferencia, Se debe distinguir lo que no se puede modificar, de lo que se puede cambiar.

Aceptar y aprender a convivir con lo que no se puede cambiar, Corregir, modificar, superar los defectos que dependan de nosotros, Potenciar y aumentar las cualidades que tenemos.

"Si mi sonrisa mostrara el fondo de mi alma mucha gente al verme sonreír lloraría conmigo" (Kurt Cobain)

"Debes levantarte tú mismo y continuar... el rival más difícil está en tu cabeza" Pat HC Mentora

Dinámica Debes generar un cambio en su totalidad, lee este relato de las 4 esposa y figúrate en tu imaginación escenas que van pasando y pregúntate que pasa en tu interior después de leerlo

<<LAS 4 ESPOSAS
Había una vez un rey que tenía cuatro esposas, Él amaba a su cuarta esposa más que a las demás y la adornaba con ricas vestiduras y la complacía con las delicadezas más finas. Solo le daba lo mejor. También amaba mucho a su tercera esposa y siempre la exhibía en los reinos vecinos. Sin embargo, temía que algún día ella se fuera con otro. También amaba a su segunda esposa. Ella era su confidente y siempre se mostraba bondadosa, considerada y paciente con él. Cada vez que el rey tenía un problema, confiaba en ella para ayudarle a salir de los tiempos difíciles. La primera esposa del rey era una compañera muy leal y había hecho grandes contribuciones para mantener tanto la riqueza como el reino del monarca. Sin embargo, él no amaba a su primera esposa y aunque ella le amaba profundamente, apenas si él se fijaba en ella.

Un día, el rey enfermó y se dio cuenta de que le quedaba poco tiempo. Pensó acerca de su vida de lujo y caviló: "Ahora tengo cuatro esposas conmigo, pero, cuando muera, estaré solo". Así que le preguntó a su cuarta esposa: "Te he amado más que a las demás, te he dotado con las mejores vestimentas y te he cuidado con esmero. Ahora que estoy muriendo, ¿estarías dispuesta a seguirme y ser mi compañía?" "¡Ni pensarlo!", Contestó la cuarta esposa y se alejó sin decir más palabras. Su respuesta penetró en su corazón como un cuchillo filoso. El entristecido monarca le preguntó a su tercera esposa: Te he amado toda mi vida. Ahora que estoy muriendo, ¿estarías dispuesta a seguirme y ser mi compañía?" "¡No!", Contestó su tercera esposa. "¡La vida es demasiado buena! ¡Cuándo mueras, pienso volver a casarme!" Su corazón experimentó una fuerte sacudida y se puso frío. Entonces preguntó a su segunda esposa: "Siempre he venido a ti por ayuda y siempre has estado allí para mí. Cuando muera, ¿estarías dispuesta a seguirme y ser mi compañía?" "¡Lo siento, no puedo ayudarte esta vez!", contestó la segunda esposa. "Lo más que puedo hacer por ti es enterrarte". Su respuesta vino como un relámpago estruendoso que devastó al rey. Entonces escuchó una voz: "Me iré contigo y te seguiré doquiera tú vayas". El rey dirigió la mirada en dirección de la voz y allí estaba su primera esposa. Sé veía tan delgaducha, sufría de desnutrición. Profundamente afectado, el monarca dijo: "¡Debí haberte atendido mejor cuando tuve la oportunidad de hacerlo!"

En realidad, todos tenemos cuatro esposas en nuestras vidas.

Nuestra cuarta esposa es nuestro cuerpo. No importa cuánto tiempo y esfuerzo invirtamos en hacerlo lucir bien, nos dejará cuando muramos. Nuestra tercera esposa es nuestras posesiones, condición social y riqueza. Cuando muramos, irán a parar a otros. Nuestra segunda esposa es nuestra familia y amigos. No importa cuánto nos hayan sido de apoyo a

nosotros aquí, lo más que podrán hacer es acompañarnos hasta el sepulcro. Y nuestra primera esposa es nuestra alma, frecuentemente ignorada en la búsqueda de la fortuna, el poder y los placeres del ego. Sin embargo, nuestra alma es la única que nos acompañará a donde quiera que vayamos. ¡Así que, cultívala, fortalécela y cuídala ahora!
Es el más grande regalo que puedes ofrecerle al mundo. ¡Déjala brillar!>>

Que te imaginaste a ese rey con sus cuatro despampanantes esposas, pues déjame decirte que ese rey eres tú ¿hoy en que te estas enfocando en las cosas exteriores o en tu interior?

MENTAL	ESPIRITUAL
FISICO	EMOCIONAL

Tu vida debe tener un equilibrio para hacer una salud integral debemos preocuparnos por
- La salud física: como hoy tratas a tu físico, el agua que tomas, la alimentación que le das, el ejercicio, la respiración, tu forma de vestir, tu manera de caminar, de expresarte, tu entorno en general.
- La salud mental: que le ingresas a tu mente los libros que lees, las revistas, la radio, la televisión, las películas, los estudios intelectuales, toda la formación cognoscitiva y todo aquello a lo que hoy le pones atención como la información que buscas en las redes sociales

- La salud espiritual: la meditación, el apreciar más las cosas intangibles como los valores, la belleza de la naturaleza, del arte, de la vida
- La salud emocional: el manejo y control de sí mismos, el cuidado de la forma de reaccionar, el completo control de las emociones.

Para aprender a valorarnos debemos aprender a manejar en equilibrio estos cuatro terrenos de nuestra vida, formando así un cambio total. Mental y física es normal que todos lo mencionen, pero es hora de tocar los dos más importantes ámbitos que son Espiritual y Emocional, porque para que esto se convierta en una salud integral, debe de haber desde más cuidado físico, hasta un cambio de actitud, de los valores de la vida, del manejo de los sentimientos en pocas palabras.

"Es una METAMORFOSIS, se debe cambiar de forma de pensar, es lo que necesitamos, para vivir mejor"

Es comprender que todo lo que has creado tuvo un origen, una causa inicial y debemos reprogramarnos para que convirtamos la causa y tenga mejores efectos. Todos tenemos dos lados dentro de nosotros mismos, uno bueno y uno malo...Y de los cuales ganara el que alimentes más, de ti depende que le quieres ingresar a tu vida, lo que debemos saber es que todos hacemos un efecto VISIBLE de una causa INVISIBLE, me explico mejor.

De un inicial pensamiento (interno), somos capaces de generar las temperamentales formas visibles (externas), que en nuestro día a día, afecta o beneficia nuestro estado de ánimo y por consiguiente nos construye o destruye según el lado que hayamos decidido alimentar.

Debemos evitar caer en excesos ese es el punto principal, si alimentas tu lado negativo iras dañando a tu entorno, sin embargo si también te excedes en tu lado positivo permitirás que los demás te dañen es una delgada línea de equilibrio que debemos mantener por ejemplo si permites entrar a la soberbia domine a tu vida te afectara y afectara a quien este a tu paso, sin embargo si eres permisible con la de los demás te afectara aún más, debemos buscar el equilibrio para no caer en ningún exceso. Por ejemplo, desglosémoslo por las faltas más conocidas.

SOBERBIA: es la principal fuente de la que derivan las mayores inconsistencias de nuestra vida. Es identificada como un deseo por ser más importante o atractivo que los demás, fallando en halagar a los otros. Generalmente se define como la sobrevaloración del Yo respecto de otros por superar, alcanzar o superponerse a un obstáculo o situación. Se puede definir la soberbia como la creencia de que todo lo que uno hace o dice es superior, y que se es capaz de superar todo lo que digan o hagan los demás. Se puede tomar la soberbia como la confianza exclusiva en las cosas vanas y vacías (vanidad) y en la opinión de uno mismo exaltada a un nivel crítico y desmesurado (prepotencia). Por lo tanto es en si la mayor fuente de inconsistencias en tu entorno seas tú el que tenga soberbia o alguien de tu entorno es lo que hoy no permite llevar una vida más sencilla pero más feliz sin pagar el alto costo que es llevar acuestas la soberbia.

La puedes contrarrestar con **LA HUMILDAD** Que es la característica que define a una persona modesta, alguien que no se cree mejor o más importante que nadie en ningún aspecto, sabiendo que todos pueden ser superiores en algún sentido y de ello aprender para ser aún mejores, saben cuándo aprendes el valor de la humildad vas entendiendo cuan pequeños somos y lo poco que conocemos de la vida, claro ten cuidado con tener humildad de más y con ello atraigas que a tu alrededor abusen de ello
"la soberbia es una capacidad que suele afectar a pobres infelices mortales, que se encuentran de golpe con una miserable cuota de poder" José de san Martin.

LA AVARICIA: es un desorden de adquisiciones materiales de forma excesiva, aplica sólo a la adquisición de riquezas condenando las cosas eternas por las temporales, con ello también es un generador de inconsistencias a tu alrededor ya que desde casa cometemos el error de educar a los hijos a que luchen por bienes materiales, olvidándonos de los bienes eternos o intangibles como lo es el equilibrio buena relación de las relaciones humanas, basadas en valores aceptados por todos, aunque no seguidos por muchos, por arrastrarse a las nuevas modas que nos alejan de ellos cada día más de disfrutar de las cosas sencillas, hoy en día luchan y luchan por obtener bienes materiales que pierden hasta familias por buscar esa calidad de vida que se presumen de merecer, sin embargo ¿de qué sirve una casa enorme sin un hogar armonioso?

Es por ello la importancia de adentrar de nuevo a la educación valores que permitan proporcionar a las personas el hábito de dar y entender a los demás y entre esos valores inculcar el que contrarresta la avaricia que es la **GENEROSIDAD** siendo esta una forma de altruismo que presta servicio a las necesidades de forma comunitaria comenzando por adentrarla a tu hogar ya que está asociada a una identificación emocional con otra persona y por consiguiente un deseo de que este mejor.

"hay suficiente en el mundo para cubrir las necesidades de todos los hombres, pero no para satisfacer su codicia" (Mahatma Gandhi)

LA LUJURIA: es usualmente considerada como el exceso producido por los pensamientos de naturaleza sexual, o un deseo sexual desordenado e incontrolable. Esto tiene su explicación en el hecho de que casi todo comportamiento que involucre estimulación sexual y genere un goce, que no es comparado con el goce generado por otras actividades, le provoque a la persona la obsesión y el exceso de mantener esos pensamientos un tiempo mayor al permisible, impidiéndole hacer otras actividades cotidianas y ese deseo de experimentar un goce igual, o a ser posible superior, mediante la repetición, le ocasione poner en riesgo su integridad exponiéndose constante o no, al placer de dicho estímulo, provocando perder su enfoque de la vida misma por perderse en ello siendo en consecuencia la perdida de razón y provocando un aislamiento emocional y por dicho goce no impulsar un mayor placer que es tener tu vida en equilibrio, para hoy en día con las modas de exponerse en este ámbito hasta en las redes sociales es un potente catalizador de mujeres y hombres que desfilan en dichas redes mostrando la necesidad de cubrir estos pensamientos sin darse cuenta que lo único que provocan es la pérdida de tiempo que bien podrían emplear en sacar la mejor versión de ellos.

Hoy en día es algo tan normal que no miden la importancia de la castidad que no es más que la moderación adecuada de este placer, manteniendo la integridad y cuidado de la marca personal el acto sexual es una necesidad fisiológica no es algo que se sugiera quitar de tu vida, sin embargo, es necesario mantenerlo en tu área íntima y así cuidar de tu marca personal que hoy en día es muy valiosa.

"aunque seas tan casto como el hielo y tan puro como la nieve, no escaparas de la calumnia"
Shakespeare

LA IRA: Puede ser descrita como un sentimiento no ordenado derivado de la emoción ENOJO, que al no ser controlada, genera odio y enfado. Estos sentimientos se pueden manifestar como una negación vehemente de la verdad, tanto hacia los demás y hacia uno mismo, además que provoca intolerancia hacia otros por razones como raza o religión, política entre otros temas, llevando a la discriminación.

Te dejas vencer por la ira cuando:
- Te dejas llevar del mal genio
- Gritas y pierdes el control de lo que dices
- Te impacientas
- Discutes en vez de dialogar
- Injurias de palabra y de obras a los que le rodean

Sin embargo, si lo contrarrestamos con valores como la PACIENCIA, la TOLERANCIA, el RESPETO, entre otros, estaríamos retirando de nuestro entorno la mayor parte de nuestras inconsistencias ya que si unes la soberbia con la ira estas creando la bomba perfecta para vivir en grandes crisis, es hora que nos demos cuenta que entre más pase el tiempo permitiendo que mis emociones sean las que me dominen, menos posibilidades de crecer y lograr el éxito tendremos, ¿quieres éxito? Adentren valores a su vida

"Nada resulta más atractivo en un hombre que su cortesía, su paciencia y su tolerancia" Cicerón

LA GULA: Es el consumo excesivo de comida y bebida, anteriormente cualquier forma de exceso podía caer bajo la definición de Gula. Marcado por el consumo excesivo de manera irracional o innecesaria, es por ello que es de alto cuidado el no presentar ese exceso de comida pues incluye ciertas formas de comportamiento destructivo como lo es no tener ese balance de alimentación tan importante para la vida diaria y que hoy en día ha provocado hasta en los niños enfermedades de obesidad, diabetes y otras. El abuso por ignorancia en comidas chatarra mantiene ese alto índice de enfermedades provocadas por ese descontrol, pero el problema va más allá entra en los hogares de forma de ignorancia y desentendimiento ya que es más fácil servir una comida precalentada que hacer algo con ingredientes naturales que te piden más atención desde la limpieza de las mismas hasta la cocción perfecta, también el exceso de bebidas puede ser visto como ejemplos de gula.

Sin embargo, si actuáramos con **TEMPLANZA** moderándonos en la utilización de alimentos chatarra y aprendiéramos hábitos más saludables también quitaríamos excesos que hoy nos mantienen donde estamos.

"Templanza es moderación en el uso de lo bueno y abstinencia total de lo malo" Francés Willard

LA ENVIDIA: Se caracteriza por un deseo insaciable, de algo que alguien más tiene, y que perciben que a ellos les hace falta, y por consiguiente desean el mal al prójimo, y se sienten bien con el mal ajeno, cabe mencionar que muchas veces no quieren para ellos mismos lo que envidian, solo desean que los demás lo pierdan generando así grandes conflictos tanto internos como externos al momento de expresar ese exceso a tu entorno de forma inadecuada.

Si comprendiéramos más lo que las demás personas tuvieron que pasar y esforzarse para obtener lo que ellos disfrutan seria menos este sentimiento de envidia, si al menos por un momento te pusieras en sus zapatos y te volvieras su amigo escuchando todas las crisis que tuvieron que enfrentar para tener los bienes materiales o el estilo de vida que gozan te darías cuenta de que no es bueno envidiar es mejor imitar los buenos hábitos que le ayudaron a formar el estilo de vida que llevan, o la familia que disfrutan, o la mejor versión de su persona que poseen, todo ello te llevaría a un equilibrio que es disfrutar de la vida y sobre todo de las personas.

"En vez de esto, trabajemos duro. Acabemos de una vez con la única crisis amenazadora, que es la

tragedia de no querer luchar por superarla" Albert Einstein.

LA PEREZA: Este exceso está referido a la incapacidad de aceptar y hacerse cargo de la existencia de uno mismo. Es también el que más problemas causa por su simplicidad, la simple pereza no muestra ser una falta notoria, sin embargo es la complicación que nos detiene en nuestro día a día y nos aparta de las obligaciones cotidianas, aun mas de nuestras acciones que nos encaminan al éxito, es la causa principal de no hacer frente a nuestros obstáculos y dificultades siendo que es la que nos provoca no salir de nuestro estado de confort viviendo un estilo de vida cargado de rutinas que hemos aplicado por días, semanas, meses, años, de la misma manera sin lograr cambios pero que a su vez nos provoca sentirnos satisfechos con ello viviendo así una vida sin cambios por mucho tiempo en algunos casos la vida entera... pero de verdad ¿te gusta la vida que llevas?

Hoy debemos decidir ser diligentes, hacer acciones encaminadas a tus objetivos en tu plan de vida... ¿no tienes un plan de vida? Entonces espera no hagas ninguna acción mejor comienza por establecer que es lo que buscas para ti, desaprender, aprender, practicar y después compartir, hoy en día la mayoría de las personas van realizando tareas sin importancia, sin ningún orden, ni ninguna dirección y saben que ese es el camino certero a la depresión, quejas, ansiedad que hoy mantienen en su vida.

Este libro en los siguientes capítulos te ayudara en ello en desenredar todo lo que traemos en la mente y en mejorar la versión que hoy presentas... ¿es trabajo duro y sacrificio? sí y mucho pero valdrá la pena cuando veas que lograste tener el equilibrio de Amor, Salud y Prosperidad que nos falta

"La Pereza viaja tan despacio, que la pobreza no tarda en alcanzarla" Benjamín Franklin

DINÁMICA

HACER UNA CARTA COMPROMISO, DONDE
CAMBIARÁS LOS EXCESOS QUE HOY
MANTIENES EN TU VIDA POR VIRTUDES,
COMENZARAS A TRABAJAR CONTIGO MISMO
PARA RECONCILIARTE CON TU ENTORNO.

SE, LO MEJOR DE TI (AUTOESTIMA)

Este sub capítulo es dedicado a la **AUTOESTIMA**, y a la importancia de ubicar virtudes y defectos para trabajar con ellos evitando los excesos como lo son la **BAJA y ALTA AUTOESTIMA** que ambas son igual de dañinas, este capítulo es una autoevaluación de como tienen su Autoestima, para así tomar partido y saber que resaltar, potenciar y que trabajar combatiéndolo con virtudes sobre su persona.

Es importante que podamos, saber que eliminar, Reducir, Incrementar y Aumentar, para ser mejores personas, es por ello que el conocer tu nivel de Autoestima y cuidar no caída en ningún exceso te llevara un paso más a tu transformación

NOTA: EL NIVEL DE AUTOESTIMA ACTÚA PARA BIEN COMO PARA MAL

¿Qué es Autoestima? es el amor o estima que una persona tiene de ella misma, Amarnos incondicionalmente y confiar en nosotros para lograr objetivos independientemente de las limitaciones que podamos tener.

LA AUTOESTIMA
- La autoestima se forma desde los 5 y 6 años y sigue formándose durante toda su vida.
- Tener una autoestima alta en el trabajo, no quiere decir que podemos hacer todo y hacerlo siempre bien.
- Es el juicio de valor más importante en el desarrollo psicológico y la motivación del individuo.
- Podemos tener una autoestima intelectual elevada y baja en el aspecto físico y viceversa.
- La autoestima sube y baja de acuerdo con los diferentes niveles de nuestra vida

DINÁMICA
AUTOESTIMA SANA

Virtudes...   Habilidades y Éxitos
1.-
2.
3.-
4.-
5.-

Defectos... Limitaciones y Fracasos
1.-
2.-
3.-
4.-
5.-

Las consecuencias de una mala autoestima, genera inconsistencias a tu alrededor, la baja autoestima (Tienden a transformar un pequeño obstáculo, en un problema enorme, Tienen la extraña habilidad de encontrar un problema en cada solución) mientras que la alta autoestima (Se considera capaz de afrontar desafíos importantes, Toma de decisiones independientemente de que esas decisiones sean erradas o acertadas). Es por ello cuidar que la autoestima este en esa línea delgada de equilibrio para llamarla autoestima SANA.

Necesidades...para una
AUTOESTIMA SANA

YO

AUTO-REALIZACION
Auto-cumplimiento

ÉXITO, PRESTIGIO

AUTO-MOTIVACION

CONFIANZA EN SI MISMO

DISPOSICION PARA EL LOGRO

FLEXIBILIDAD AL CAMBIO

Debes de basar la autoestima en ti mismo, Las necesidades de una autoestima sana, son muy importantes debes de sentirte una persona digna, tanto como las demás, debes estar convencido de tus cualidades, debes ser capaz de hacer las cosas tan bien como la mayoría de gente, debes tener una actitud positiva hacia mí mismo/a, debes estar satisfecho contigo mismo/a, debes sentirte orgulloso de todo lo que has logrado en tu vida, debes de pensar que eres alguien exitoso, debes sentir gran respeto por ti mismo/a, debes pensar que eres alguien muy valioso/a y debes tener el pleno convencimiento que eres buena persona llena de virtudes esperando ser descubiertas para ayudarte a generar beneficios en toda tu vida, cuando aprendes a creer en ti lograras crear todo lo que te propongas.

Sin embargo, es necesario que no caigas en la autoestima baja, Piensa que al sentirte de esta manera estás poniéndote trabas a ti mismo, lo que no te ayudará a conseguir tus metas. Intenta ver tu lado positivo y recuerda que el primer paso para que los demás te valoren, es que tú encuentres atractiva tu forma de ser, sin embargo tampoco caigas en el exceso contrario de tener tu autoestima alta incluso excesiva, si tú crees plenamente en ti y en tu trabajo; esto te da bastante fuerza. Sin embargo, ten cuidado, quererte excesivamente a ti mismo y poco a los demás puede resultar contraproducente, ya que puede conducirte a tener conflictos y ser rechazado, al intentar ser humilde de vez en cuando, podrías mejorar tu entorno, haciendo un esfuerzo por ver la parte positiva de los demás sin sentir envidia, mejorarías aún más, desarrollando tus propias capacidades y la de la gente que te acompaña logrando así tener la autoestima Sana. Teniendo ese equilibrio si tu autoestima es normal, indica que tienes suficiente confianza en ti mismo y eso te permitirá afrontar la vida con cierto equilibrio, que hoy en día es imprescindible para asumir las dificultades del camino, si has llegado a ese equilibrio no cambies, sigue así.

DINAMICA

En una habitación a solas, Conéctate con tu alma y escribe una carta sobre en que estas basando hoy tu autoestima, haz una evaluación sobre los errores cometidos en el pasado de permitir que tu autoestima se halla basado en algo externo y Hoy comprométete a ser tú mismo la base de tu autoestima generando así amor propio.

Capítulo 2

NADIE

APRENDE A DISFRUTAR TU ENTORNO SOCIAL

NO ACEPTES BASURA DE NADIE

Quiero comenzar este subcapítulo con hablarte, sobre el sabio Sócrates, y un relato que habla de las 3 bardas **LA VERDAD, BONDAD Y NECESIDAD,** si te cuentan sobre alguien que hablo mal de ti, siempre pásalo por las tres bardas, si no es verdadero, ni bueno, ni necesario, no los escuches. Ha veces perdemos mucho tiempo en escuchar los problemas de los demás hasta el caso que nos afectamos y los hacemos nuestros problemas, debes aprender a escucharlos sin preocuparte, además este capítulo es dedicado para no preocuparte tanto por la opinión de los demás, debemos conceder más valor a nuestro propio criterio por este tiempo que he compartido estos temas he obtenido muchos testimonios del cómo te enredas en los problemas de los demás y del cómo puedes afectarte peleando con alguien, porque supones que el hablo mal de ti, sin si quiera comprobarlo, además entendimos que la mayoría cometemos muchas indiscreciones, que después se vuelven un problema grave por escuchar o decir cosas sin fundamentos y pega totalmente en tu credibilidad, por ello la importancia de darte estos tips, y compartirte el cómo me ha impactado a nivel personal y profesional al seguir al pie de la letra a estos consejos

"No aceptes basura de nadie, dicen que el hipócrita inventa un rumor, el tonto lo difunde y el idiota lo acepta... sin oponer resistencia alguna"

¿Importa tanto la opinión de los demás? Importa la opinión de los demás en ciertos ámbitos y en numerosas ocasiones, tal vez pensemos, por ejemplo, en el aspecto profesional, en el que estamos supeditados a la aceptación de otras personas para salir adelante y no queda más remedio que tratar de complacerlas, Sin embargo, no es posible agradar a todo el mundo en cada cosa que hagamos a lo largo de nuestra vida, por eso más nos vale, que nos deshagamos de esa presión te obsequio 5 consejos para ello…

1. Prestar atención sin preocuparse

Es difícil esto, principalmente porque hay personas que son especialmente duras consigo mismas, sus peores críticos, Imagina que alguien hace hincapié en algo nuestro que no le gusta, ya sea un error que hemos cometido o incluso algo trivial (como haber estrenado unos zapatos que le resultan horribles al "público"), Después de que la persona molesta nos hace saber su opinión, nosotros podemos hacer algo al respecto o no. Ahí quedaría y punto. Sin embargo, hay quien le da después muchas vueltas a la situación y termina auto-flagelándose innecesariamente.

2. Valorar de quién llega la opinión

Si la persona que opina no tiene el menor vínculo con nosotros, ¿qué importa lo que piense? (vamos, que si me apetece bajar la basura y estoy en pijama, me importa muy poco que la vecina que comúnmente anda arreglada me mire mal, si viniera a tirarla ella, me cuidaría de estar más arreglada, pero no es el caso), cuando aprendemos a ver quién es la persona que está generando esa opinión y en base a sus logros y experiencia sobre el tema valorar si es importante es para construir y lograr más éxitos sin embargo fuera al contrario no es necesario ponerle atención.

3. Dejar de leer el pensamiento

Hay opiniones que no se manifiestan verbalmente y somos nosotros los que, analizando la conducta del otro, le damos el sentido que creemos más conveniente, Procedemos a "leer el pensamiento" del otro, si hacemos caso al dicho: "Piensa mal y acertarás" nos equivocaremos más de una vez, no es necesario ir suponiendo lo que las demás personas están pensando. Mi postura personal es: Cuando no se sepa qué pensar, mejor no pensar nada o pensar algo favorable... Ejemplo, Un conocido se cruza con nosotros por la calle, le saludamos y pasa como si no nos viera. Tenemos tres opciones:

a) Pensar que nos está despreciando por algún motivo.

b) Pensar que iría envuelto en sus cavilaciones y no se ha dado cuenta de que pasábamos al lado suyo.

c) No pensar nada y seguir a lo nuestro.

En resumen, son tres estilos para interpretar el "feedback" de los demás cuando éste no lo expresen con palabras: desfavorable, favorable o neutro. Tú eliges.

4) Conceder más valor a nuestro propio criterio

Uno mismo es quien mejor se conoce y quien sabe por qué hace las cosas y para qué o, al menos, debería ser así, uno mismo es el que está ahí cuando las cosas se tuercen, el que lucha a diario por mejorar, el que supera los obstáculos, el que trabaja por sus objetivos...entonces ¿Cómo va a llegar alguien, sin darnos ningún motivo, a decir que no le gusta lo que hacemos? Si se trata de una opinión especializada, bueno se acepta, pero no siempre será de este tipo, así por las buenas, sin molestarse en entender todas nuestras razones, nos llegarán opiniones bien o malintencionadas, de personas más o menos apegadas a nosotros, pero en serio, ¿valen más esas opiniones que la nuestra? No, debemos Hoy luchar por hacer valer nuestra opinión tú vales mucho y sé que si te propones lograrías recuperar darle ese valor a nuestro propio criterio, tomando en cuenta a el exterior solo en ocasiones especiales.

5) No tenemos por qué ser tan populares

Hay personas que cualquier cosa que hagan cae en gracia a mucha gente y otras a las que les suele suceder lo contrario. Sin embargo, las personas "populares" también tendrán críticos y detractores; del mismo modo que las "impopulares" harán sonar la flauta alguna vez y contarán con opiniones favorables. Gracias a la maravillosa diversidad humana no tenemos por qué preocuparnos de esto, hagamos lo que hagamos, lograremos tanto abucheos como aplausos. Para esto valga la metáfora, porque por mucho que trascienda aquello por lo que nos valoran, la mayoría de las veces no habrá ni aplausos ni abucheos; sólo recogeremos unas frases, algún gesto quizás, muy poca cosa, sólo somos importantes para un grupo muy reducido de personas y es a este grupo al que tenemos que cuidar con más esmero, sin embargo, es al que más lastimamos con nuestro mal trato comencemos a recuperar el amor por la familia.

DINÁMICA:

Pregúntales a 5 personas de tu entorno estas 4 preguntas enlistadas abajo, su resultado compáralo con lo que tu creías sobre ti... te sorprenderá hallar cosas lindas en ello

1.- ¿Qué piensas de mí?

2.- ¿Qué sientes por ti, cuando yo no estas presente?

3.- ¿Para qué piensas que soy bueno?

4.- ¿para qué creen, que me pueden recomendar?

APRENDE A RELACIONARTE

En este sub capítulo se trata de las relaciones humanas, su definición, como se forma la personalidad, y el cómo con una buena actitud te puede cambiar el tipo de relaciones que llevas hasta ahora... se habla sobre una dinámica muy conocida de Edward de Bono LOS 6 SOMBREROS DE LA ACTITUD, y sobre un relato de dos personas que van caminando con un burro que habla sobre la crítica, sobre la importancia de evitar criticar y sobre lo que es la estupidez emocional terminando con consejos para tener buenas y mejores relaciones humanas, este subcapítulo es dedicado a entender que la mayoría de los problemas con respecto a relaciones con los demás es por las malas actitudes con las cuales respondes, gracias a las explosiones de ira, más de los 60% de problemas aumentan, provocados por una mala actitud. La mayoría de los problemas con respecto a relaciones con los demás, se pueden evitar aprendiendo esta dinámica sobre el proceso de toma de decisiones que sugiere el libro de los 6 sombreros de la actitud de Edward de Bono.

Pero vamos hablando de las RELACIONES HUMANAS, en su definición son relacionadas a crear y mantener entre los individuos, relaciones cordiales, vínculos amistosos, basados en ciertas REGLAS aceptadas por todos y, fundamentalmente, relacionadas en el reconocimiento y respeto de la personalidad humana, se forma la personalidad desde el momento de la fecundación donde los 23 cromosomas de cada padre darán una parte de ella, más la gestación fetal, más la forma del parto, más las dimensiones que se van adquiriendo (extra o intro), más el desarrollo conforme va creciendo, su entorno y las dependencias que maneje. Todo ello va haciendo que el individuo vaya adquiriendo su propia personalidad, sin embargo, su actitud la va adquiriendo según sus patrones y estilo de vida, aquí desarrollaremos la técnica de los 6 sombreros para que lo entendamos mejor.

"sonríe, hazle saber al mundo que hoy... eres más fuerte que ayer"

LOS SEIS SOMBREROS DE LA ACTITUD, es un proceso de toma de decisiones, siendo esta una actividad cerebral muy compleja porque se mezclan emociones, sentimientos, y la ponderación de alternativas, ventajas e inconvenientes, que si bien se permite fluir llegan a una solución. El método de los seis sombreros intenta simular lo que ocurre en la mente humana adoptando el símil de un sombrero, ese objeto que una persona puede ponerse o quitarse a voluntad, cada uno de los seis sombreros es de un color diferente, lo que simboliza las diferentes formas en las que se puede observar la realidad. Cuando haya que adoptar una decisión, ya sea de manera individual o como grupo, Edward de Bono propone colocarse de forma secuencial un sombrero de cada color en la cabeza y expresar una opinión sobre el tema tratado. La única restricción que existe es que esa opinión tiene que seguir las reglas que se asocian con cada color.

Así, por ejemplo, si estamos con el sombrero blanco, nuestro punto de vista tiene que ser lo más neutral posible, analizando las cosas con datos, hechos o cifras. Por el contrario, si utilizamos el sombrero rojo, nuestra visión puede ser más subjetiva y guiarse por las emociones, los sentimientos o las intuiciones, siguiendo la secuencia sugerida se logra encontrar una descripción poliédrica de los problemas, sin tratar de juzgar lo que está bien o está mal o lo correcto o incorrecto. La idea es descubrir las diferentes facetas de la realidad, hacer visibles los aspectos que puedan permanecer ocultos y facilitar el proceso final de toma de decisiones, al no buscar la polémica estéril, este método ayuda a poner de acuerdo a personas que puedan mantener puntos de vista aparentemente irreconciliables, utilizando la empatía para evitar las confrontaciones infructuosas la secuencia sugerida es la siguiente:

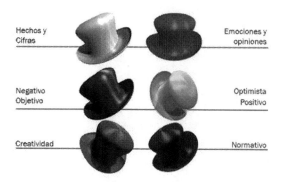

Sombrero Blanco– Hechos, cifras, fechas, etc. Este sombrero solo se encarga de poner la información, hechos y declaraciones simples. Ejemplo del sombrero Blanco son:
- En la oficina trabajan 5 personas, en puestos diferentes que dependen uno de los demás requiriendo información cruzada para lograr las metas
- Nuestros datos de ventas son de tal fecha a tal fecha con una venta total de x
- el número de personas ancianas en Europa está creciendo

Sombrero Rojo– Emociones y opiniones, el pensamiento del sombrero rojo, se plantean las emociones, ejercitando los instintos viscerales y por consiguiente es donde se generan las peores reacciones. En muchos casos este es un método para recolectar ideas -No es una cuestión de grabar declaraciones, porque es donde se generan los principales conflictos y más si lo unes al sombrero negro. Eso es lo más común en las personas, sin embargo es un peligro porque en este es donde la mayoría se queda cerrando así la comunicación afectiva, cuando se trata de usar los sombreros para revisar progresos personales o tratar con materias con un alto contenido emocional relevante en la discusión, es importante no permanecer en este sombrero más tiempo del necesario. Ejemplo del sombrero rojo.

- Las declaraciones podrían ser: Lo odio, lo amo, estoy curioso, estoy cauteloso, siento que se acaba, me enfada...

El sombrero negro - Juicio Negativo, puede proyectar una idea que en el futuro podría fracasar o ir mal, identificando barreras, peligros, riesgos, fracasos y otras connotaciones negativas. Este es el pensamiento crítico, al buscar los problemas y desacuerdos se requiere para encontrar lo que pudiera salir mal y arreglarlo de manera incluyente y pacífica. Este sombrero suele usarse de forma muy natural por la gente, la cosa es que se tiende a usar cuando no se ha requerido y cuando no es apropiado, parando esto la fluidez de otros. Ejemplo de sombrero negro.

- Esto se acaba, no puedo, no lo lograre, está perdido todo, no sirve de nada, no vale la pena, es imposible, etc.

El sombrero amarillo Optimista, el pensamiento de sombrero amarillo se ocupa de la evaluación positiva abarcando desde un aspecto lógico y práctico encontrando áreas de fortaleza, hasta los sueños, visiones y esperanzas. Ejemplo del sombrero amarillo.

- Seria maravillo si se lograra, al resultar podría generar cambios hermosos, seria lindo si sucediera, etc

El sombrero verde: Se relaciona en buscar alternativas, planes (de percepción, explicación, acción) siendo parte clave del pensamiento de sombrero verde, la creatividad y la búsqueda de alternativas. Lo cual implica una actitud creativa: el reconocimiento de que existen diversos planteos encaminados a la solución. La verdadera búsqueda de alternativas puede no requerir creatividad alguna hasta tanto las alternativas obvias no se hayan expuesto, es necesario ir más allá de lo conocido, lo obvio y lo satisfactorio para encontrar la solución perfecta.

- Si cambiamos, si buscamos, si creamos, si logramos, si enfocamos, si actuamos, si aprendemos y practicamos, etc.

El sombrero azul: Es el sombrero del control, este organiza el pensamiento mismo, exige resúmenes, conclusiones y decisiones todas en conjunto con hechos encaminados a la solución del problema.
Logrando así, desenredar las dificultades y disfrutar de la solución, olvidando el estrés provocado por durar de manera excedida en alguno de los sombreros citados más de lo que se debía durar en ellos manteniéndose en la queja, ansiedad y depresiones, pero haciéndose pasar el problema por este proceso de toma de decisiones lograras llegar al éxito.

Con este proceso de pensamiento nos guiaremos a la solución correcta, puesto que se han tomado en cuenta alternativas para encontrar la correcta, de acuerdo con la comunicación efectiva.

Cuando dejamos de criticar, lograremos relacionarnos mejor con las personas de nuestro entorno, ¿te crees perfecto? Enhorabuena. Ya tienes una muy buena razón para ser generoso con los demás (a los que Dios o la naturaleza no les ha dotado de tanta perfección), ¿no eres perfecto? pues un poco de humildad y comprensión hacia los demás te genera mejores relaciones(los humanos no somos perfectos, dejar de criticar y ser más comprensivo te abrirá muchas puertas), ha sido la diversidad humana uno de los factores que han hecho progresar a la humanidad, aceptar y respetar dicha diversidad, es un acto de **INTELIGENCIA SUPREMA** y con ella lograras mejorar tus relaciones para no caer en la estupidez emocional solo basta pedir disculpas en 3 partes 1: lo siento, 2: asumo la responsabilidad 3 como le hago para corregirlo. Se agradecido no hay personas malas si esperas lo suficiente te mostraran su lado bueno.

Sin embargo, adoptamos principalmente dos tipos de actitud ante nuestros semejantes, que son la **actitud egocéntrica** la cual es un servicio al yo, es decir al sujeto, donde el individuo egocéntrico, trata siempre de satisfacer su propia estimación, causando en su entorno desconcierto pues cuando se realiza una buena acción no lo hace por la acción misma, sino para recibir una alabanza o un aplauso, se puede decir que todos sus pensamientos giran en torno a si mismo.

La actitud objetivista trata de adaptarse a las circunstancias, sin desplantes, sin explosiones de ira o de desesperación, logrando que el individuo se dé al mundo, porque se preocupa de servir y no solamente de ser servido, evitando así caer en una de las enfermedades más peligrosas que hoy ataca a nuestro entorno:

La estupidez emocional, siendo esta una enfermedad curiosa, pues no la sufre quien la padece, si no quienes le rodean, y su fundamento es el tiempo: si alguien repite una estupidez el suficiente número de veces, acabara considerando que su   actitud es normal,   la   defenderá   y   la   incorporara, definitivamente en su día a día, trayendo a su entorno inconsistencias, saben mucho de lo que sufrimos procede de esta enfermedad, la falta de empatía, la intolerancia a la frustración, critica, victimismo, auto desprecio, envidia, compulsión, obstinación, agresividad y adicción a la infelicidad.
"el problema con el mundo es que los estúpidos están seguros de todo y los inteligentes están llenos de dudas" Bertrand Russell

En este punto del programa te daré unos consejos para tener buenas relaciones humanas que nos lleven a lograr nuestros objetivos y así disfrutar del éxito junto.

1.- INTELIGENCIA EMOCIONAL: Habilidades sociales, como el manejo de tus emociones, cualquiera puede enfadarse, eso es algo muy sencillo; pero enfadarse con la persona adecuada, en el grado exacto, en el momento justo y del modo correcto, eso ciertamente ocupara de tu inteligencia.

2.- LA TOLERANCIA: La intolerancia, además de ser arrogancia y engreimiento, es falta de adaptación, mientras sigamos criticando, ofendiendo y juzgando no lograremos vencerla. Sin embargo, la tolerancia comienza cuando logramos tratar a los demás TAL COMO SON, y no como quisiéramos que fuesen.

3.- EL DOMINIO DE SI MISMO: La paciencia y la serenidad son siempre buenas consejeras, si aprendes a reaccionar con ellas te encaminaran a comprender las situaciones valorando más a las personas logrando así un entendimiento sobre lo importante aumentando principalmente tu paz interior.

4.- HUMILDAD. Es un valor que debemos cultivar a nuestros hijos de ello depende que vayan por la vida peleando por una verdad absoluta inexistente. Para comprender el valor de la humildad, asimile el prudente y sabio consejo del **filósofo Ralph W. Emerson** **"TODOS LOS HOMBRES QUE CONOZCO SON SUPERIORES A MI EN ALGÚN SENTIDO, EN ESE ASPECTO, APRENDO DE ELLOS"**

5.- NO TE DEJES LLEVAR POR LOS JUICIOS
Como se suele decir, 'la belleza está en los ojos del que mira', pero lo que no se tiene en cuenta es que el espectador amolda la realidad (bella o no), a lo que él mismo quiere ver. Es muy complicado impedir que nuestras ideas preconcebidas y suposiciones sean las que decidan, casi de manera inconsciente, por nosotros mismos, **"pero si queremos ver el mundo y a la gente como es realmente, tenemos que superar estos prejuicios"**

Dinámica: trabajar en mejorar nuestras relaciones humanas
- Haz un análisis sobre situaciones que debes cambiar, tu actitud y mejorar las relaciones haciendo pasar los problemas por el proceso de toma de decisiones "los 6 sombreros de la actitud"
- Revisa en donde nos está ganando la estupidez emocional y cómbatela para retirarla de tu vida.

DECIR NO, TAMBIÉN ES SABIO
(Si no deseas hacer algo, nada te obliga hacerlo)

Este subcapítulo se trata de explicar por qué nos cuesta mucho trabajo decir no, cómo podemos poner nuestros propios límites personales. Características de las personas que no saben decir no y sus consecuencias, para terminar aprendiendo a DECIR NO, porque decir NO, también es sabio, si no deseas hacer algo nada te obliga hacerlo.

"aprende a decir NO, sin culpa, sin creer que lastimas, poner límites es un acto de amor hacia uno mismo"

Pero ¿Por Qué Nos Cuesta Trabajo Decir "NO"?

Debemos Aprender a decir no, (lo tenía claro... sabía que le iba a decir que no... y justo en el último momento... dije sí) Cuántas veces el otro te ha dado "la vuelta a la tortilla" y ha logrado que dijeras si, Saber decir 'no' y establecer nuestros propios límites personales puede parecer una tarea sencilla, pero lo cierto es que no lo es. Sin embargo, aprender a hacerlo supone la clave del éxito de nuestras relaciones interpersonales. **"Aprende a decir NO, sin sentirte culpable o creer que lastimas a alguien. Agradar a todos te desgasta enormemente" Pat HC Mentora**

Aprende a decir que NO, con nuestros amigos, familia y pareja, y mucho más aún en el trabajo, es importante dejar claro qué es lo que estamos dispuestos a hacer y qué no, con el fin de que los otros puedan conocer nuestros límites y actuar en consecuencia. Es por ello por lo que la ausencia de esta habilidad puede traer consigo importantes problemas personales e interpersonales. "Algunas veces, es mejor decir NO y que se molesten con nosotros, que decir SI y molestarnos con nosotros mismos"

Decir que no es una habilidad que nos facilita establecer nuestros límites personales, permitiendo que los demás conozcan lo que estamos o no dispuestos a hacer. Al ser una habilidad, se trata de un comportamiento aprendido, si bien es cierto que existen determinadas características de personalidad que pueden facilitarnos dicho aprendizaje, cualquiera puede aprender al practicar esa habilidad. Así, por ejemplo, los individuos extrovertidos a los que les gusta relacionarse con muchas personas suelen adquirir más fácilmente esta habilidad que aquellos que son introvertidos, pero, dejando a un lado las características de personalidad, ¿por qué nos cuesta tanto "decir no" a los demás?

Te explico los principales motivos que pueden influir a una persona para que adopte este comportamiento.

- **Elevada deseabilidad social:** en muchas ocasiones buscan complacer al otro, por lo que dicen que sí o dejan violar sus propios derechos personales porque creen que es lo que se espera de ellos.
- **Facilidad para sucumbir a la presión de otra persona o grupo:** como consecuencia de lo anterior acaban haciendo aquello que las otras personas desean. Por ello, la ausencia de esta habilidad es especialmente peligrosa en los adolescentes en lo que al consumo de drogas y sexo hoy en día se vive.
- **Falta de asertividad:** son incapaces de expresar de manera adecuada aquello que piensan. Por ello, aunque crean que deben

decir que no, no se atreven a hacerlo o, cuando lo hacen, no resultan convincentes.

- **Experiencias negativas previas:** es posible que en algún momento hayan intentado decir que no, o establecer sus límites, y les hayan respondido de una manera inadecuada o hayan sufrido consecuencias negativas importantes. Por lo tanto, a partir de estas experiencias pueden aprender a "decir sí" para evitar las repercusiones que podría tener su negativa.

- **Baja autoestima:** en muchos casos es la causa ("no valgo nada como para negarme"), y en muchas otras también es una consecuencia, ya que las personas que no saben decir que no, se sienten inferiores a los demás por no verse capaces de establecer límites respecto a ellos.

- **Miedo al rechazo o a una evaluación negativa:** para ellos es importante que los demás les acepten y no les evalúen negativamente. Creen que si se muestran de acuerdo con todo lo que el otro les propone tendrán menos posibilidades de ser rechazados y, por el contrario, serán "más queridos", y se les aceptará con facilidad

- **Temor a las consecuencias que imaginan que podría tener su negativa.** En algunas ocasiones no temen tanto el rechazo de los otros como el hecho de que su negativa implique determinadas consecuencias; por ejemplo, un despido.

Características de las personas que no saben decir no.

- Por lo general, las personas que no saben decir que no, suelen adoptar una actitud pasiva o inhibida a la hora de comunicarse con los demás. Aunque no sea tu caso, te ayudamos a reconocer a las personas que no saben decir no, y que se caracterizan por el ese perfil:
- Demoran su respuesta para no tener que decir no (esperando que así el otro lo olvide).
- No dicen "no" en el momento, pero después no hacen aquello a lo que se comprometieron.
- También puede ocurrir, en el extremo contrario, que no sean capaces de decir que no y soporten las características de aquello a lo que se comprometieron a pesar del malestar que les produce.
- No saber decir no, les trae consigo problemas en su vida cotidiana, social o laboral
- Baja autoestima: no se sienten valiosos como para expresar su negativa, y el hecho de no expresarla les hace sentirse inferiores.
- Su tono de voz suele ser bajo y el habla poco fluida Y Su comunicación no verbal es inhibida (poco contacto ocular, gesticulación demasiado suave) y no apoya a la comunicación verbal.

Consecuencias de no saber decir no

Es cierto que decir que sí y hacer lo que los otros desean puede suponerte beneficios a corto plazo. Las personas que no establecen sus límites suelen parecer bastante complacientes de cara a los demás, y su trato es agradable. Sin embargo, el coste para ellos es muy alto, ya que a largo plazo sufren las consecuencias de no saber decir que NO.

Te enlistaré algunas.

- Problemas interpersonales por no dejar claro lo que realmente quieren. Esto confunde a las personas de su entorno, que desconocen sus auténticos sentimientos y deseos, y no saben bien qué es lo que deben hacer
- Malestar emocional: es frecuente que experimenten elevados niveles de ansiedad, tristeza e irritabilidad.
- Sentimiento de soledad emocional: sienten que nadie les entiende.
- Explosiones de ira: pueden "estallar" por algo que realmente no es un problema debido a la acumulación previa del malestar que no han llegado a expresar
- Sentimiento de insatisfacción, puesto que piensan que nunca se hace lo que ellos quieren.
- Auto reproches y sentimiento de culpa por no ser capaces de expresar sus deseos
- Los demás abusan de ellos: la gente recurre a ellos en exceso porque "les acostumbran" a saber que siempre estarán ahí (chantaje sentimental)

Cómo aprender a decir no

Te damos algunos consejos para que aprendas a decir que no y seas capaz de negarte a hacer todo aquello que no deseas:

- Pierde el miedo a lo que los demás puedan pensar: dentro de unos límites razonables, tú eres la primera persona que debe estar satisfecha con su conducta.

- Acepta la ansiedad como parte del proceso. Es normal que te pongas nervioso o te sientas incómodo a la hora de decir que no, pero no sucumbas a este malestar diciendo que sí y tratando de quitarte el problema de encima cuánto antes, porque así solo conseguirás diferir una situación indeseada, pero no resolverla.
- En relación con lo anterior, recuerda las consecuencias negativas que te puede acarrear aceptar, y que seguramente no se verán compensadas por el alivio emocional momentáneo que experimentarás si aceptas.

Haz una jerarquía de esas situaciones, y clasifícalas para analizar desde aquellas en las que más difícil te resulta negarte a lo que te piden, hasta aquellas en las que te cuesta menos decir que no, y comienza desde hoy mismo a dejar claro a los demás todo lo que no deseas hacer, di que NO, sin dar demasiadas explicaciones; así ofrecerás menos argumentos a aquellos que te quieran convencer de lo contrario, interioriza esta idea: **"es posible que no hagas ni seas aquello que deseas, pero siempre tienes la opción de no hacer ni ser aquello que no quieres"**, y ponla en práctica cada vez que te enfrentes a una situación en la que no desees hacer lo que te proponen, recuérdalo nada te obliga hacerlo.

Dinámica: Colócate frente a un espejo y entrena un estilo de comunicación asertivo; piensa en situaciones cotidianas en las que tengas que decir que no, y observa mentalmente tu comunicación no verbal, escuchando también tu lenguaje verbal. ¿Suena convincente? "practica mucho, y Hoy aprende a decir que no.

Recuerda que la satisfacción personal depende completamente de ti. Al saber decir que no, lograrás mantenerte en equipo.

IMITA Y COMPARTE LOS BUENOS HÁBITOS

Esta parte del programa trata del por qué se dificulta el aprendizaje, cómo te sirve mejor ser una persona proactiva que reactiva, de aprender a manejar la inteligencia social y menciono algunos ejemplos de hábitos básicos para nuestro desarrollo personal entre ellos vienen hábitos de salud, de productividad, de desarrollo personal y laborales.

APRENDER LOS NUEVOS HÁBITOS

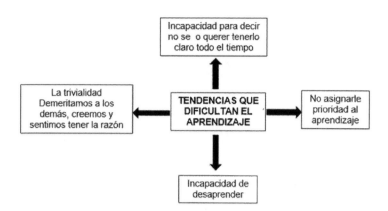

ANOTA 15 PREOCUPACIONES QUE TENGAS

Anota en el círculo de en medio las preocupaciones que dependan de ti, y en el círculo exterior las cosas que dependan de los demás, con ello te darás cuenta si estas actuando de manera proactiva o reactiva.

Haciendo este ejercicio te darás una idea de cómo estas hoy actuando, Proactiva o Reactivamente. Y aquí te explicare de ambos.

La actitud "Reactiva" no piensa, sino reacciona, esta actitud son las que no tienen éxito, estas piensan solo en culpar a los demás y no piensan en ver sus errores sino embarrárselos a los otros, no saben tomar la iniciativa y están constantemente esperando que suceda algo o que alguien se haga cargo de ellas.

Mientras que La Proactividad es una actitud en la que el sujeto u organización asume el pleno control de su conducta de modo activo, lo que implica la toma de iniciativa en el desarrollo de acciones creativas y audaces para generar mejoras, haciendo prevalecer la libertad de elección, sobre las circunstancias del contexto. La proactividad no significa sólo tomar la iniciativa, sino asumir la responsabilidad de hacer que las cosas sucedan; decidir en cada momento lo que queremos hacer y cómo lo vamos a hacer

Diferencias de una persona proactiva a una reactiva
Proactivo: Voy a hacerlo
Reactivo: Voy a intentarlo
Proactivo: Yo puedo hacerlo
Reactivo: No puedo, es imposible
Proactivo: Voy a mejorar
Reactivo: Ni modo soy así
Proactivo: Veamos que opciones tenemos
Reactivo: No podemos hacer nada
Proactivo: Quiero hacerlo
Reactivo: Tengo que hacerlo
Proactivo: Asumo las consecuencias
Reactivo: No es mi culpa

Recuerda al aprender a ser una persona Proactiva, también aprenderás a tener inteligencia Social que a continuación te explico de que trata.

La Inteligencia social es la capacidad para relacionarse con los otros, en forma armoniosa y pacífica, es la que nos permite tener en cuenta al otro y no guiarnos solamente por nuestro interés personal; es la que disminuye nuestro afán de poder, la que nos hace más solidarios y la que nos hace más fácil la integración a un grupo, eleva la autoestima porque hace sentir a la persona más querida y segura y le permite darse cuenta de cómo se sienten los demás y comprenderlos.

Las personas con inteligencia social tienen capacidad de empatía, pueden ponerse en el lugar del otro y ver las cosas desde su perspectiva; son capaces de aceptar otros puntos de vista y de involucrarse emocionalmente.

La inteligencia social lleva a participar activamente en todos los sectores de la sociedad, laboral, recreativo, cultural, deportivo, político o educacional; permite interesarse no sólo por el propio trabajo sino también por el progreso de la empresa donde se prestan servicios; sentirse bien en el lugar donde se habita; tener curiosidad por el pasado personal y por la historia del país donde se vive; trabajar en equipo; colaborar para mejorar el mundo; ser solidario; ver a los otros como hermanos y no como enemigos; destacarse en lo que se sabe hacer para contribuir al proyecto común valorando la participación de los demás y no creerse imprescindible.

La inteligencia social desarrolla el sentido de comunidad y de pertenencia y hace posible identificarse con el entorno, es poder compartir momentos gratos e intentar hacer felices a los demás; lograr ser bien recibido en todas partes, tener buen trato y llevarse bien con todos. Se actúa con inteligencia social cuando se aprende a escuchar, cuando se deja de criticar y se aceptan a los demás como son porque se puede entender lo que piensan y sienten, ya que reduce la brecha generacional porque une a la gente y no permite discriminar; hace que la persona se pueda poner a la altura de cualquier interlocutor, sea quien sea, con respeto y sin prejuicio alguno y pueda aprender de él.

Dinámica, en este subcapítulo te recomendare algunos hábitos tanto saludables, como de salud y productivos. te invito a que escojas los que creas necesarios agregar a los que ya manejas para continuar en el camino a nuestra mejor versión

Hábitos importantes para nuestro desarrollo personal, que debemos imitar y compartir cuando ya los tienes controlados para que mejoremos de manera conjunta un equilibrio con nosotros mismos y con los que nos rodean

- Haga ejercicio durante 30 minutos todos los días. Sobre todo, si no haces mucho movimiento durante el trabajo, es esencial que hagas algo de ejercicio todos los días, 30 minutos son el mínimo recomendado para una salud óptima.

- Desayune Sanamente. El desayuno es la comida más importante del día, sin embargo, mucha gente lo salta, personalmente, me gusta comer un par de pan de caja con mermelada junto con una bebida de frutas.

- Dormir 8 horas. La privación del sueño no es una buena idea. Tu puedes pensar que estás ganando tiempo al dormir menos, cuando en realidad sólo está ganando estrés y cansancio, 8 horas es un buen número de horas para la mayoría de la gente, junto con un opcional de 20 minutos siesta después del almuerzo.

- Evite comer entre comidas. Los bocadillos entre comidas es la mejor manera de aumentar de peso. Si tienes hambre, come algo concreto. De lo contrario trata de evitarlo, una aclaración, me refiero a no comer comida chatarra entre comidas, pero comer snacks saludables como frutos secos o frutas, está bien.

- Coma cinco porciones de frutas y verduras todos los días. Nuestro cuerpo y el cerebro le encanta conseguir verduras y frutas, así que le recomiendo comer la mayor cantidad posible de ellos. Cinco porciones es la dosis que se recomienda habitualmente por las asociaciones de salud.

- Bebe el agua recomendada diariamente, distribuida en algunos momentos específicos de tu día, un vaso de agua cuando te despiertas, porque tu cuerpo está deshidratado y necesita líquidos, media hora antes de comer, entre otros momentos para distribuirlos, durante el día.

- Evite los refrescos, la soda es a menudo uno de la bebida menos saludable que puedes encontrar, si limita el consumo de refrescos tanto como sea posible tu cuerpo estará agradecido por ello.

- Mantenga su cuerpo limpio. No aconsejo pasar el día frente al espejo, pero un mínimo de cuidado personal no hace daño.

- Si usted fuma, toma o usa drogas deje de hacerlo, No hay ninguna razón para hacerlo y dejarlo es posible.

- Coma pescado. El pescado es rico en omega 3 y otros elementos sanos. Por lo menos una comida por semana de pescado debería ser suficiente para lograr que todos estos nutrientes ingresen a tu organismo.

-Realiza NOTAS haz el hábito de llevar un registro de todas las ideas y las cosas que te viene a la mente, tú puedes usar un cuaderno para hacer esto, y luego escribirlo todo en tu computadora.

- Intenta dar prioridad. Si usted tiene una lista de cosas que hacer, ¿por dónde empezar? Una de ellas es dar prioridad a su lista, Si tienes alguna duda, pregúntate "Si tan sólo pudiera lograr una cosa hoy, ¿cuál sería?", con esta lista optimizaras tiempo ya que serás capaz de hacer tareas que te lleven menos de un minuto juntas, para seguir con las que debes de hacer de inmediato (urgente-importante), continuando con las que decidirás cuando hacerlas (importante-no urgente), encargándote de delegar a alguien algunas (urgente –no importante) y por ultimo cuales puedes hacer después (ni urgente – ni importante)

- Planea, pero no demasiado. La planificación es importante, debes decidir de antemano lo que vas a hacer hoy o esta semana, sin embargo, la planificación de más de un par de semanas suele ser ineficiente, por lo que no me preocuparía demasiado por eso.

- Levántate temprano. Despertar temprano en la mañana es una gran manera de ganar tiempo extra, personalmente, me gusta levantarme a las 6 de la mañana, de modo que a las 9 am ya he logrado lo que de otro modo me habría llevado muchos días.

- Revisa tus redes sociales pocas veces por día, las redes sociales pueden convertirse fácilmente en una adicción, pero por lo general no es necesario comprobar cada 10 minutos lo que está sucediendo en ellas. Haz un esfuerzo y consulta tus redes sociales pocas veces por día, a ver si el mundo sigue girando como antes

- Elimina las tareas sin importancia. Estar ocupado todo el día, no significa que estés haciendo cosas importantes. Eliminar toda actividad que no es importante, centrarte en lo que realmente importa te ayudaría a optimizar tu tiempo.

- Limpia tu escritorio, tu cuarto, tu hogar, tu oficina, tener un lugar limpio y claro es importante para mantener el enfoque y la creatividad.

- Automatiza, existen muchas tareas que tú necesitas llevar a cabo todos los días o hacerlo cada semana, al automatizarlas las realizaras sin problema.

- Establece plazos estrictos. Cuando haces algo, decide de antemano cuándo terminaras, hay una regla que indica que vas a cumplir con todo el tiempo que tiene disponible para completar una tarea, por lo tanto, crea un hábito de fijar plazos estrictos para maximizar tu productividad.

- Tome un día libre por semana. En lugar de trabajar todos los días, tomar un día libre por semana, es saludable (por ejemplo, el domingo), usa ese tiempo para hacer actividades recreativas como ir a dar un paseo, disfrutar de la familia.

- Leer un libro por semana. La lectura es una buena manera de mantener tu cerebro activo. Con tan sólo 30 minutos al día, deberías ser capaz de leer un libro por semana, o más de 50 libros por año, fantástico seria eso no crees.

- Resuelve puzles. Concursos, juegos de palabras, etc., son todas buenas maneras de ejercitar su cerebro

- Piensa positivamente. Eres lo que piensas, todo el tiempo cuida de tus pensamientos, pues se volverán palabras cuida de tus palabras, pues se volverán acciones.

- Toma decisiones rápidas. En lugar de pensar durante una hora donde quiera que se va a hacer algo, toma tus decisiones lo más rápido posible (por lo general menos de 1 minuto, tendrías disponible una respuesta)

- Espera antes de comprar. Esperar 48 horas antes de comprar algo es un gran ahorro de dinero, inténtalo

- ora 30 minutos al día. Una gran manera de obtener claridad y paz es a través de la meditación, 30 minutos no es mucho, pero es lo suficiente como para comenzar con esa conexión con nuestra espiritualidad.

Estos son BUENOS HÁBITOS que podemos imitar, dominar y compartir.

EXPRESA TUS SENTIMIENTOS

Este subcapítulo, en el programa es para cuando necesites controlar sus sentimientos y emociones, al igual que todos a veces nos gana la ira, por eso es importante saber expresar tus emociones de forma apropiada, recuerda que las mejores relaciones se ganan a través de una sonrisa y los clientes se ganan con una buena actitud.

¿CÓMO EXPRESAR MIS SENTIMIENTOS?
Todo el mundo sabe que no es saludable (y que es estresante) guardarse los sentimientos adentro, y que la gente que a menudo lo hace, acaba mal. Una vez que aprendas cómo descargar tus emociones, serás capaz de comunicarte mucho mejor con los demás y contigo mismo(a). No siempre es fácil, expresar tus sentimientos, pero es gratificante hacerlo.

IDENTIFICA TUS EMOCIONES
Acepta tus sentimientos. Antes de hacer cualquier otra cosa, tienes que reconocer, y aceptar que tienes sentimientos y que esos sentimientos están bien. Vas

a tener que aprender cómo operan en tu vida diaria y cómo puedes lidiar con ellos o expresarlos de la forma más productiva. Pregúntate a ti mismo(a) las siguientes tres cosas:

¿Qué siento?

¿Qué es lo que me dice este sentimiento sobre la situación?

¿Por qué ha aparecido ahora este sentimiento?

Aprende a reconocer tus sentimientos. La manera en la que cada persona siente es diferente. La tristeza, la ira, la emoción, todas se presentan de formas distintas para cada individuo. Tomarte el tiempo para pensar acerca de tus sentimientos cuando no te sientes emocionalmente activa puede ser útil cuando estos aparezcan.

Trata de escribir una lista de emociones, tales como la ira, la alegría, la tristeza, el miedo, etc. Piensa en cada uno de ellos, y mira cuándo o si has experimentado dichas emociones. Toma nota de cómo te sientes cuando estás triste, por ejemplo (tal vez se te hace nudo en la garganta y tus labios se ponen tensos). Esto te ayudará a identificar la emoción cuando aparezca.

A menudo, comportamientos como la crítica excesiva, restarles importancia a los aspectos positivos de la situación y enfocarse en los negativos, las conductas agresivo-pasivas, culpar a otros, y preocuparse por el futuro en lugar de disfrutar de la vida pueden ser signos de una **retención de la ira.** Tendrás que tratar de rastrear diferentes sentimientos hasta su emoción de procedencia.

Presta atención a la respuesta de tu cuerpo. Tus emociones se rigen por el sistema límbico en el cerebro y por el involuntario sistema nervioso autónomo. En momentos de estrés emocional, es posible que experimentes un aumento en la frecuencia cardíaca, un aumento de respiración superficial, sudoración y temblores. La reacción de tu cuerpo a la emoción puede tener efectos secundarios muy reales

Reprimir tus emociones daña tu bienestar físico, por lo que es importante para tu salud tanto física como mental que aprendas a expresarlas.

Al reprimir tus sentimientos, puedes causar tensión en los grupos musculares, el cuello, la espalda, los hombros y los maxilares. Cuando alguien está enojado, se puede ver la tensión que se acumula en sus mejillas, cuello e incluso en su área pélvica.

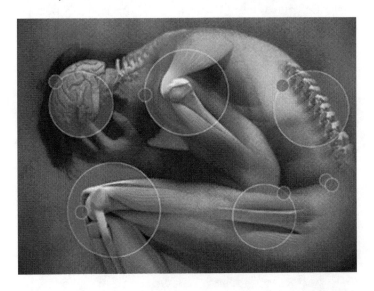

Si estás experimentando una mayor respuesta emocional, esto puede llevarte a sentir estrés. El estrés puede causar un aumento de la presión arterial, aceleración del ritmo cardíaco y excitación del sistema nervioso y Linfático, lo cual puede debilitar tu corazón.

Aferrarte a los sentimientos puede conducirte a enfermedades psicosomáticas, tales como dolores de cabeza, úlceras, hipertensión arterial, asma, problemas cardíacos, entre otros

Todo ello quiere decir que tus emociones son poderosas y se comunican con tu cuerpo. Si lidias de modo efectivo con tus sentimientos, estarás eliminando la posibilidad de sufrir nocivos efectos secundarios físicos

Interpreta tu respuesta emocional a los acontecimientos. Un buen mantra es repetirte a ti mismo(a) "no es mi situación lo que causa problemas, sino mi respuesta a ella". Los sucesos que experimentas se ven influenciados por tus propios pensamientos y experiencias, lo cual significa que la reacción emocional viene de ti.

Por ejemplo, dos personas diferentes obtienen un 85% en un examen. La primera persona podría estar eufórica porque tuvo problemas con el tema, y generó buen resultado mientras que la segunda podría estar enojada porque no obtuvieron la nota máxima. Están reaccionando a la misma situación de manera diferente debido a los pensamientos y experiencias que guardan relación con ella, tendrás que reconocer si tu reacción emocional a un suceso es desproporcionada y cuál podría ser la causa subyacente, por ejemplo, la segunda persona podría hacer un berrinche porque no obtuvo la calificación que querían, esta es una respuesta desproporcionada al suceso, es probable que haya sido a causa de la ansiedad y el estrés provocado previamente.

EXPRESA TUS EMOCIONES DE FORMA APROPIADA

Practica un enfoque experimental. Necesitas aprender a sintonizarte con tu cuerpo para que entiendas lo que está tratando de decirte y cómo reaccionar ante determinadas circunstancias. Esto requiere que te tomes un tiempo para evaluar con calma, e identificar tus patrones de sentimientos y pensamientos

En un espacio cómodo, relaja el cuerpo durante cinco a diez minutos, y medita o haz ejercicios calmantes para relajar los músculos.

Pregúntate: **"¿Qué siento?"** y en ese lugar, sintonízate con tu cuerpo que siente sensaciones emocionales como el miedo, la tristeza, la ira, etc.

Con calma, escucha lo que sientes, pero no reacciones. En este lugar, estás tratando de ser un observador, en lugar de un participante activo y reactivo.

Una vez que hayas descubierto un poco lo que sientes, pregúntate **"¿En qué parte de mi cuerpo se encuentra este sentimiento?"** "¿Cuál es la forma y textura de este sentimiento?" "¿Tiene color?". Darles una forma concreta a tus sentimientos te ayuda a expresarlos con precisión y de modo positivo.

Considera tus opciones. Ante todo, es necesario que te des cuenta de que la manera en la que expresas tus sentimientos es una decisión que solo tú puedes hacer. No hay una sola forma de expresarse, aunque hay formas que son perjudiciales tanto para ti como para los demás.

Por ejemplo: supongamos que una amiga se va de la ciudad, y reconoces que estás molesto(a) y triste de que se vaya. Puedes optar por evitarla para minimizar el dolor, por iniciar una pelea con ella y hacer que la experiencia sea "más fácil" a través de la ira, o podrías optar por pasar tanto tiempo con ella como sea posible y tal vez incluso ayudarla con su mudanza. La elección es tuya

Lo repetimos: no hay una opción correcta. Sin embargo, la primera opción significa que no estás lidiando con tus sentimientos, la segunda significa que estás canalizando tu descontento en una forma dañina y la tercera opción las libra a ambas de sufrir una tristeza continua

Expresa tus emociones de forma verbal. Podrías encontrar a alguien de confianza para hablar con detenimiento sobre la situación y las emociones que la acompañan, podrías escribir las cosas en un diario o escribir poesía. O podrías hablar con la persona que crees que te hizo sentir tristeza o ira, u otra emoción

Vuelve a consultar la lista que hiciste sobre las diferentes emociones y úsala para determinar lo que sientes en el momento. Puede ser muy difícil de articular las emociones mientras las vas sintiendo, y tener una lista o una herramienta te puede ayudar a ordenar tus sentimientos.

Cuando hables con alguien que dijo algo que te hirió (te hizo enojar o te puso a la defensiva, etc.), la mejor manera es usar oraciones con "Me siento…" en lugar de aquellas con "Me hiciste sentir…". Las razones detrás de esto son múltiples: elimina tu propio sentido, (nadie puede hacerte sentir nada, tú eres quien te hace sentir algo) y pone a la otra persona a la defensiva, lo cual cierra la comunicación en lugar de abrirla.

A veces, cuando se trata de alguien que ha dicho algo hiriente o molesto, puede ser útil escribirle una carta, ya que quita la inmediatez de la herida, y te da tiempo para procesar cómo te sientes y cuál es la mejor manera de hacerles entender qué no estaba bien de lo dijeron o hicieron.

Expresa tus emociones de manera física. Dado que nuestras emociones se encuentran vinculadas a nuestros cuerpos físicos, usar tu cuerpo para expresar y difundir tus emociones puede ser increíblemente útil (piensa en expresiones como "saltar de alegría", etc.)

Si, por ejemplo, tienes problemas para expresar tu tristeza, escuchar música, leer un libro o un poema, o ver una película que te provoque una respuesta emocional pueden ayudarte a liberar esos sentimientos de tristeza que sientes.

La ira es una emoción que a menudo intentamos o se nos dice que debemos ocultar, pero esto puede conducirnos a la ansiedad y el estrés. Cuando lidias con alguien que te causó ira, expresarla en objetos inanimados (como una pelota "contra el estrés" o un saco de boxeo) puede ayudar a aliviarla antes de hablar con él/ella acerca de cómo desencadenó esta respuesta de ira.
Del mismo modo, lidiar con una persona o situación en una forma no acusatoria, pero firme (no agresiva) te ayudará a negociar con mayor eficacia tus sentimientos de ira.

CONSEJOS
A veces, los sentimientos se hacen muy difíciles de controlar y lo único que necesitas es tomarte un descanso de ellos. Esto no significa ignorar su existencia, sino que necesitas un descanso y que los solucionarás cuando estés listo(a).

Habla contigo mismo(a) como lo harías con un amigo, no uses asociaciones negativas cuando pienses en ti.

Recuerda que las personas reaccionan a la emoción de manera diferente. Existen posibilidades generalizadas sobre cómo responder emocionalmente, pero al final depende por completo de ti.

Comienza expresando tus emociones hacia ti, después hacia quienes te lastimaron y poco a poco comenzaras a expresar tus emociones agradables también, el inicio es hoy.

ADVERTENCIAS

No descargues tus sentimientos contra tu persona, ya sea a través de un comportamiento imprudente, alcoholismo, adicción a las drogas o autolesiones. Si sientes que estás experimentando un problema, recurre a un profesional para obtener ayuda

Identificar y expresar las emociones no es un proceso simple. Se necesita práctica para entendernos a nosotros mismos y para identificar cómo las cosas nos afectan a cada uno.

EXPRESA TUS SENTIMIENTOS

Capítulo 3

HASTA

QUITAR Y PONER LÍMITES

HAZ LO NECESARIO PARA TODO
(Comienza el proceso creativo)

Este subcapítulo escribí de la creatividad y especialmente de qué forma aplica para todos los ámbitos, como por ejemplo para el trato con personas conflictivas, para poner límites, para tener una buena actitud y no dejarte manipular, y salir sin mayor conflicto con tus relaciones personales. Hoy en día generamos conflictos con las demás personas de nuestro entorno por no tener la creatividad de responderles de manera adecuada y con una virtud (ejemplo si alguien me habla con ira, le contestare con una sonrisa), recuerden que es muy importante establecer límites interpersonales.

"¿Para qué hacer cosas de las que luego tendrás que arrepentirte? No es necesario vivir con tantas lágrimas, haz solo lo que esté bien aquello de lo que no tengas que arrepentirte, aquello cuyos dulces frutos recogerás con alegría" Buda Gautama

¿Qué entiendes por creatividad? Para mí, es la facultad que alguien tiene, de crear, es la capacidad creativa de un individuo. Consiste en encontrar procedimientos o elementos para desarrollar labores de manera distinta a la tradicional, con la intención de satisfacer un determinado propósito. La creatividad permite cumplir deseos personales o grupales de forma más veloz, sencilla, eficiente o económica

¿Qué es la creatividad?
Una capacidad que permite Identificar, Plantear, Resolver y evaluar los problemas de forma relevante y divergente, para ello se establecen relaciones entre

distintos conocimientos, se hacen nuevas preguntas y se obtienen respuestas originales.

Se creativo, si haces lo que sientes y quieres, encontraras lo que buscas, si estas pastillas que te presento se vendieran seria el producto más consumido, la realidad que aún no existen y que como todo producto milagro tendría mis dudas de su efectividad, sin embargo podemos desarrollar habilidades para aprender a dominar el trato con las personas de nuestro entorno en especial las personas conflictivas.

CREATIVIDAD AL TRATO CON PERSONAS AGRESIVAS

1. Reúnete con esa persona en privado. Negociar con personas difíciles en un ambiente privado es más fácil que hacerlo con público. Además, que pueden llegar a crear ideas en conjunto y la flexibilidad es más fácil cuando no hay nadie más.
2. Consigue un lugar neutral. Elige la sala de conferencias si es compañero de trabajo o ir a

tomar un café si es alguien familiar o amigo, eso reduce la sensación de poder de esa persona, es decir, se sentirá fuera de su terreno.

3. Sé asertivo. No dejes que te intimiden. Confía en tu autoestima, tus conocimientos y la convicción con que te expresas. Las personas difíciles o agresivas respetan a aquellos que demuestran fuerza en su diálogo.

4. Ofrece soluciones. Si tienes un problema con alguien lo mejor es buscar en solucionarlo y no agrandarlo. Las personas agresivas tienden a controlar sus emociones cuando observan que la otra parte busca cooperar y comunicarse.

5. Visualiza las consecuencias. Antes de enfrentarte a esa persona difícil, piensa en el panorama y en sus reacciones, de esta manera podrás anticipar cualquier comportamiento y tendrás la solución en tus manos. Recuerda pensar en diferentes escenarios para que no te tome por sorpresa.

6. Es importante que antes de afrontar a este tipo de personas, identifiques si su comportamiento es por algo que hiciste o si es así con todos los que te rodean. Si es personal, analiza qué sucede, de qué manera te afecta y cómo responderás con inteligencia.

SE CREATIVO AL PONER LIMITES, HAZ LO NECESARIO PARA TODO, NO MAS

El lograr la armonía en la vida depende de darse cuenta de hasta dónde estamos cediendo frente a los demás. Si no estás poniendo límites a conductas fuera de lugar y hasta destructivas de otros, estás comprometiendo tu integridad y ese no es el mejor

camino para lograr tener en tu vida paz interior, plenitud, felicidad y éxito.
"la felicidad se alcanza cuando lo que uno piensa, lo que uno dice y lo que uno hace está en armonía" Gandhi

¿POR QUE NO PONES LIMITES?

Lo más común es que las personas, no pongamos límites para evitar el rechazo o la desaprobación, o por evitar hacerse cargo o evadir tomar el control para hacer frente a la situación que viene después o simplemente por no salir de la zona 'cómoda' porque él no poner límites, ya ha pasado a formar parte de su vida. La verdad es que los cambios cuestan esfuerzo, es por ello que nos reusamos a ponernos a pensar en hacerlos sin embargo sería conveniente que reflexiones sobre los posibles motivos por los que HOY no pones límites, cuando alguien o varios están invadiendo tu espacio y no te están respetando, como debería ser aquí desarrollaremos el tema para que descubras el por qué no has establecido dichos límites.

1. IDENTIFICA LA SITUACIÓN EN LA QUE CREES, QUE DEBES PONER LÍMITES:

Ya Identificada, decide lo que es bueno para ti y lo que no, es una decisión personal, piensa primero cuál es el límite que debes establecer, luego quién es o quienes son las personas implicadas con las que tendrás que hablar, no te olvides de que una de las personas a las que debes poner límites eres tú mismo, eso hará la decisión más equilibrada, escribir sobre ello te ayudará muchísimo a despejar la mente y te facilitará el buscar soluciones.

2. PIENSA CUALES SERIAN LAS CONSECUENCIAS NEGATIVAS DE PONER LÍMITES:

Identificada la situación a la que crees que debes poner límites, piensa en qué pasaría si lo hicieras. Así visualizas posibles situaciones futuras, que es lo que te ayudará a evaluar si el resultado sería tan negativo si intervinieses, el precio de poner límites a veces realmente es muy alto, mide el precio que pagarías y si estás dispuesto a asumirlo

3. PIENSA EN LOS BENEFICIOS DE PONER LÍMITES:

Al poner límites busca resultados positivos en tu vida. Piensa, por tanto, cuáles serían las consecuencias positivas de hacerlo y qué nuevas posibilidades se te abrirían, qué nuevas puertas y oportunidades podrías obtener, esto te hará ganar seguridad, quitarte miedo y no titubear al establecerlos.

4. DETERMINA ACCIONES A REALIZAR, SI PAGARÍAS EL PRECIO DE PONER LÍMITES:

Se trata de que decidas, qué vas a permitir que suceda estando tú presente y qué es lo que no vas a permitir, ¿Cómo manejarlo? Identifica la persona con la que hablarás, que rango tiene en tu vida, cómo corresponde dirigirte a ella, qué y cómo le dirás lo que esperas de ella, cómo puedes mantenerte firme, que pasaría y qué harías si el resultado no te gusta o no es el esperado. Se trata de ir bajando diferentes escenarios y opciones en todo ello para llegar a diferentes elecciones de solución, esto te dará seguridad a la hora de enfrentarte a la situación.

Ten siempre en mente que el objetivo es hacerte respetar, poner límites para ello es, no recurrir ni a la violencia ni a la agresión, para que esto no ocurra tienes que haber encontrado soluciones efectivas y buscar generar acuerdos mediante una conversación tranquila, explicativa, donde la misma pueda darse sin emociones negativas o venganzas inútiles ya que el resultado sería catastrófico si decidieras no analizar actuando de forma reactiva, no te dará ningún beneficio hacer este estudio si, ya que podrás emplear esta habilidad con todas las personas con las cuales hoy pudieses estar enfrentando un conflicto, recuerda que por muy pequeño que sea es algo con lo cual no estas disfrutando de una relación.

5. DETERMINA ACCIONES A REALIZAR, SI, NO, PAGARÍAS EL PRECIO DE PONER LIMITES:

Si has decidido no poner límites trata de comprender por qué y para qué te mantienes en esa situación, sopesa los beneficios a corto plazo y piensa qué puedes hacer, quizás debas ponerte un tiempo límite para evaluar la situación e imaginarte en situaciones alternativas, es importante sepas el por qué te mantienes en una situación así, si es por falta de confianza o dominio de sí mismo llegara el momento en el que tendrás que tomar decisiones para resolver cosas necesarias para atraer a tu vida paz y tranquilidad y sobre todo éxito pero antes de que todo ello llegue debes de dar un corte drástico a situaciones conflictivas que no te están permitiendo avanzar en tus sueños y esperanzas el día de Hoy.

EL ARTE DE MANIPULAR
HAZ LO NECESARIO PARA TODO, NO MAS

La manipulación puede considerarse como un tipo de comportamiento que muchos sujetos desarrollan en forma de defensa. En nuestro entorno familiar, laboral o social, es común encontrar personas que tienen gran facilidad para influir sobre otros, sin embargo, cuando esta influencia es empleada con el único propósito de satisfacer y complacer sus propias necesidades a costa de las de los demás; puede decirse que es manipulación lo que está presente, muchas veces con tal de evitar un conflicto o por mantener un "sano" vínculo con la persona, preferimos anular nuestras propias necesidades y satisfacer las ajenas. Sin embargo, lo que sucede es que llegamos a caer en la trampa de la manipulación, de la cual no es fácil salir, y peor aún, nuestra integridad se pone en juego

PERFIL DE UNA PERSONA MANIPULADORA: Este tema es muy interesante, de acuerdo a varios autores (Forward, 1998; Cloud,H; Townsend,J; 2000) que rescatan este tema de la manipulación, puedo resumirte a continuación las diversas características existentes en las personas que manipulan, primero conocen muy bien nuestros puntos vulnerables, incluso nuestros secretos, conocimiento que suelen utilizar para formular amenazas o ejercer presión cuando no están consiguiendo lo que desean, se trata de personas que están muy cerca nuestro y nos conocen bastante, generalmente las amistades, la pareja, los hijos/as, los progenitores, el jefe y utilizan nuestras necesidades de afecto y de aprobación para amenazar con retener o eliminar ese afecto, o peor aún, para hacernos sentir que debemos ganarlo, suelen comportarse como si cada desacuerdo fuera el factor decisivo de la relación, los instrumentos que utilizan: el miedo, la obligación y la culpa, a través de éstos, las personas manipuladoras, nos pueden generar un temor que nos impide confrontarlos, nos hacen sentir obligados a ceder y culpables si no lo hacemos, son capaces de encubrir muy hábilmente la presión que ejercen en nosotros.

Las personas manipuladoras, suelen ser sumamente inseguras, a pesar de que tratan de demostrar todo lo contrario. Sus temores al cambio, a la pérdida, al rechazo o al desgaste del poder, son encubiertos por actitudes egoístas y dominantes, cada vez que la persona manipuladora experimenta situaciones de riesgo o que ponen en cuestionamiento su poder, se dispara su potencial manipulador.

"Los manipuladores buscan persuadir a las personas para que traspasen sus límites. Les porfían hasta que acceden. Con insinuaciones, manipulan las circunstancias para salirse con la suya. Seducen a otros para que lleven sus cargas. Utilizan mensajes cargados de culpa."

Según Forward (1998), existen cuatro tipos de manipuladores: los castigadores, 1 los auto castigadores 2, los sufrientes 3 y los atormentadores 4.

El estilo de los **Castigadores**: son los más evidentes, pues expresan abiertamente lo que desean y las consecuencias que enfrentaremos en caso de no complacerlos. La menor resistencia que perciban los hace alterarse en el acto mostrando su molestia por ejemplo con este tipo de frases: "Si vuelves a trabajar se acaba todo", "Si te divorcias de mí, no volverás a ver a los niños", "Hijo, si te casas con esa mujer, no vuelvas a esta casa". Sin embargo, muchos de estos manipuladores, sin tener que expresarse verbalmente, dejan claro el mensaje amenazante con sólo sus gestos y miradas.

El estilo **Auto Castigador** suele enfatizar el daño o sufrimiento del que será objeto, si no le cumplen sus deseos, utilizan la amenaza en torno a su salud o su felicidad, ejemplo de frases son: "Mamá, si no me dejas ver televisión, me tapo la nariz hasta ponerme azul", "No me contradigas porque enfermaré", "Si haces eso me deprimiré", "Si me dejas, me mato".

En el estilo **Sufriente**, predomina la preocupación de lo mal que se sienten y pretenden que estemos siempre al tanto de lo "les hicimos" (ojo entre comillas, porque tú no puedes meterte a su interior a hacerles sentir algo eso es personal no caigas en ese drama) muchas veces se deprimen o son llorosos, tienden a distanciarse sin explicaciones cuando no alcanzan obtener lo que quieren, se victimizan y creen que conspiramos en su contra cuando no complacemos sus deseos, además, dejan claro que si no hacemos lo que desean, sufrirán y esto será nuestra culpa. Frases como las siguientes ejemplifican este estilo: "Nunca me llamas, ni me visitas, te has olvidado de tu padre", "No creo que te importe lo que he estado pasando en este tiempo que te has desentendido de mi", "Por tu culpa..."

El cuarto estilo, el **Atormentador**, abarca los manipuladores más sutiles, pues generalmente tienden a prometernos atención, amor, dinero, un ascenso; pero dejan claro que no conseguiremos lo prometido, a menos de que complazcamos sus necesidades. La recompensa nos interesa bastante, saben bien lo que necesitamos, pero el premio se va desvaneciendo mientras nos acercamos. Algunas frases que representan este estilo: "Te ayudaré, si...", "Te acompañaré, si...", "Te lo pondría más fácil, si tu sólo hicieras..."

¿COMO DETECTAR SI ALGUIEN ME ESTA MANIPULANDO?

- Amenazan con volverte difícil la vida si no haces lo que quieren
- Amenazan constantemente con poner fin a la relación si no haces lo que quieren
- Te dicen o dan a entender que se harán daño o se deprimirán si no haces lo que quieren
- Siempre quieren más por mucho que les des
- Habitualmente dan por sentado de que cederás
- Habitualmente ignoran o no hacen caso de tus sentimientos y aspiraciones
- Hacen generosas promesas que están supeditadas a tu comportamiento y rara vez las cumplen
- Te tachan de egoísta, malo/a, interesado/a, insensible o descuidado/a cuando no cedes
- Se deshacen en alabanzas cuando cedes y las retiran cuando te mantienes firme
- Utilizan el dinero como arma para salirse con la suya.

Hoy es importante poner un alto a la manipulación, ¿Cómo? Estableciendo límites. Es importante tener en cuenta, que el hecho de que exista manipulación dentro de una relación, no significa que la relación esté perdida o condenada, tampoco se trata de sentarse a esperar a que la persona manipuladora llegue a cambiar por sí sola, este cambio necesita de nuestra intervención. Nos corresponde generar transformaciones en nuestro comportamiento y sentar bases más sólidas; dicho de otro modo, establecer límites para no permitir que invadan nuestro espacio y nuestra integridad, desdichadamente, nos demos cuenta o no, al continuar acatando lo que la persona manipuladora exige, continuamos gratificándole y esto le hace saber que puede seguir repitiendo su manipulación. Es necesario establecer siempre, hasta dónde puedo ceder en una relación, en tanto no implique anular mis emociones, mis necesidades y deseos, ante los manipuladores hay que generar respuestas y habilidades de comunicación específicas, es por ello la importancia de generar la habilidad de un estilo de comunicación asertiva, sin caer en los excesos el llegar a ser sumiso, defensivo o agresivo, no nos dará avances hoy es aprender a desarrollar un estilo de comunicación más bien conciliador pero firme. Hay que transmitirle a la persona manipuladora, la importancia de que se respeten y consideren nuestras necesidades y sentimientos, así como delimitarles hasta dónde voy a ceder, esto a su vez ayudará, a que se pongan más en "nuestros zapatos" y desarrollen esa habilidad de empatía que tanta falta les hace.

"Comienza por hacer lo necesario, luego haz lo posible y de pronto estarás logrando lo imposible, está en tus manos, cabeza y corazón, generar esos cambios en tu entorno" Pat HC Mentora

Dinámica
HAZ LO NECESARIO PARA TODO, no más, no te desgastes hoy es la oportunidad de establecer esos límites en tu entorno necesarios para disfrutar más de tu vida

ACÉPTATE - PERDÓNATE Y ACEPTA Y PERDONA A LOS DEMAS

Este subcapítulo leerás sobre un tema muy importante EL PERDÓN. Te sonara raro que es importante pedirse perdón a sí mismo, es difícil entender esto la mayoría está exigiendo que todos los de su entorno vengan y le pidan perdón, están vibrando en la obscuridad, en la negatividad, en la depresión, egocentrismo, ansiedad y lo demuestran ya que están en su área de confort y viven en un estado de negación donde solo ellos están bien, y donde solo lo que ellos les pasa es lo peor del mundo, pero Hoy te pido que te analices, el analizarlos, conocer nuestros excesos y perdonarnos a nosotros mismos, nos ayudara a trabajar sobre nosotros, es un gran paso para poder iniciar una vida llena de ÉXITO y dejar atrás años de vivir en sentimientos tan malos como el rencor, la ira, etc., todo por no perdonar personas o situaciones del pasado que solo nos limita la posibilidad de crecer. Hoy comienza por perdonarte por errores cometidos y por acciones no cometidas que hubieran hecho diferente, el tema de la autocrítica debemos dejarlo atrás, en este subcapítulo aprenderás el por qué y para que se forman relaciones interpersonales, que pasa y como ayudar cuando las relaciones se llenan de problemas con ello estaremos soltando nuestras ataduras quitando esos límites que hoy te bloquean tus bendiciones.

"camina en paz, perdona a quienes no te perdonan, acepta a quienes no te aceptan, quien no te acepta y te juzga se condena a sí mismo, pero eso es problema de él, no tuyo" Pat HC Mentora

APRENDER A PERDONARSE Y PERDONAR

Aprender a perdonarse a uno mismo es un aspecto importante para poder subir la autoestima. Este aspecto incluye aprender a perdonarnos por los errores cometidos o por las cosas que no hicimos como debíamos haber hecho. El pasado no puede cambiarse, pero si se puede cambiar la percepción que tenemos sobre él. Perdonarse es un paso necesario para poder avanzar y dejar atrás el pasado. Lo mismo ocurre con nuestros pensamientos hacia los demás. Mantener durante varios años rencor hacia ciertas personas por situaciones del pasado, sólo limita nuestra posibilidad de crecer y de subir nuestra autoestima.

"Imagínate que quieres hacerle daño a alguien porque te hizo daño, estas tan enojado que decides agarrar un carbón ardiendo sacándolo de las brasas calientes solo para aventárselo a tu enemigo para hacerle sufrir, sin embargo toma el tiempo de aquí a que tomas el carbón lo aprietas con mucho coraje, haces la maniobra para aventarlo, lo lanzas y aun asegurándote si le atinas, tú ya te hiciste una quemadura de tercer grado, ¿es necesario vivir con tanto dolor?, la respuesta es NO, hoy tienes la oportunidad de soltar ese carbón apretado por tantos años que no te permite avanzar y disfrutar de las relaciones" Pat HC Mentora

Es importante aprender de nuestros errores pero no es nada bueno obsesionarnos con ellos y traerlos continuamente al presente. Para conseguir subir nuestra autoestima, es muy importante que, después de haber aprendido de nuestros errores, sepamos dejarlos atrás, perdonarnos y seguir adelante con nuestras vidas.

Algunas personas tienen dificultad para perdonar sus errores del presente. Esto ocurre sobre todo en las personas perfeccionistas que no toleran la posibilidad de equivocarse o de errar. Es importante entender que somos humanos y que, como todos los humanos, nos equivocamos y no por ello debemos valorarnos menos.

Saber entender y aceptar nuestros errores se convierte en un gran paso para poder subir nuestra autoestima y para poder ser más felices, si constantemente nos estamos cuestionando y nos recriminamos por haber cometido un error, no sólo deberemos cargar con el peso del error cometido sino también con el sentimiento de fracaso que viene como consecuencia de no poder perdonar nuestros propios errores, para poder subir nuestra autoestima, lo mejor es saber aceptar nuestros errores y no verlos como algo negativo, sino como algo que nos puede permitir crecer, aprender de ellos y poder mejorar, al ponernos frente de ellos y combatirlos con virtudes es posible sacar la mejor versión de nosotros.

"El día de hoy despójate de todo el peso, que te produce el no poder perdonarte situaciones pasadas o del presente y sobre todo perdona a las personas de tu entorno, libérate de toda carga, así podrás transitar en la vida, disfrutando de las personas, sin complicaciones" Pat HC Mentora

AUTOCRITICA: a lo mejor eres una de esas personas que siempre se están observando, que te criticas constantemente, que te juzgas y que te castigas a la mínima. Si éste es tu caso, tienes que saber que te estás convirtiendo en tu propio verdugo y estás destruyendo tu autoestima, debes parar y decidir Hoy tomar acción en ello aprendiendo a conocerte y valorarte, hay un término de origen sánscrito, "maitri" que podría traducirse como amor bondadoso o amistad incondicional, este término se usa mucho en las tradiciones de Oriente para expresar la forma en que debemos tratarnos a nosotros mismos, es decir, tenemos que tener un amor bondadoso o una amistad incondicional hacia nosotros mismos, Hoy tienes la oportunidad de tratarte de manera diferente, de amarte y respetarte, sobre todo valorarte, eso no significa que debes dejar pasar errores o malas actitudes, sino que debes de tratarte con gentileza y amabilidad y tratar de analizar lo que consideras un error con la misma delicadeza con la que lo harías con un niño o con otra persona, como dijo **Roderick Torpe "Tenemos que aprender a ser nuestros mejores amigos, porque caemos muy fácil en la trampa de ser nuestros peores enemigos".**

El hombre se convierte en lo que él cree de sí mismo. **"Si yo me mantengo diciéndome a mí misma, que no puedo hacer cierta cosa, es muy probable que termine convirtiéndome en incapaz de hacerla, de forma contraria, si yo tengo la creencia de que puedo hacerlo, seguramente voy a adquirir la capacidad de hacerlo inclusive si yo no pude hacerlo en el principio". - Mahatma Gandhi**

Hoy, en el aquí y el ahora, deja de criticarte, tú tienes un gran poder, y ese poder lo puedes utilizar para tu destrucción o tu edificación y empoderamiento, ese poder se llama "DECISIÓN" con este poder tú puedes decidir aceptar ser tu peor enemigo criticarte a la mínima, permitir que los demás te ofendan, aceptar humillaciones de los demás y seguir vibrando en tu lado negativo, ¿te gusta la vida que llevas? Si no te gusta la vida que llevas, HOY puedes decidir hacer un cambio vibrar en tu lado positivo y comenzar a ser tu propio/a guardián/a aprovechando al máximo todas las oportunidades que se te presenten hoy, como ser feliz.

¿DE QUÉ SE TRATA FORMAR RELACIONES?

Las relaciones que tenemos con nuestras familias, nuestros compañeros de trabajo, las comunidades y hasta nuestros propios adversarios – todas esas relaciones son los medios para alcanzar nuestras metas, porque es gracias a ellos que nos motivamos, la gente no trabaja de manera aislada o en soledad, necesitamos estar trabajando junto a los demás, delegando, aportando y formando equipos, son nuestras relaciones sumadas las que forman la base de un esfuerzo organizado para un cambio.

Necesitamos mucha gente que contribuya con su pensamiento, tome una posición y haga acciones encaminadas a los logros tanto personales como colectivos particulares, también es la gente la que nos motiva para alcanzar nuestras metas. Usualmente es nuestro interés por otros lo que nos motiva a trabajar tan arduamente como lo hacemos, porque es por ellos por su amor, salud y felicidad ya sea de nuestros hijos, padres, familiares, amigos, vecinos y compañeros de trabajo que siempre tenemos en mente es lo que nos ayuda a superar obstáculos y tomar riesgos que pueden hacernos sentir agobiados si solo pensáramos en nosotros mismos, por ello es importante hacer relaciones y cuidar de ellas es una habilidad que debemos generar para que nos ayuden en nuestros objetivos.

¿POR QUÉ NECESITAMOS FORMAR Y MANTENER RELACIONES?

Es importante entender que las relaciones sociales ocurren uno a uno y necesitamos formar relaciones uno a uno en nuestro entorno con las personas, si quieres que ellos se involucren en tus grupos u organizaciones, debemos ser empáticos y cuidar de la relación interpersonal, algunas personas se involucran con organizaciones porque creen en su causa, sin embargo, la mayoría de gente se involucra en un grupo comunitario u organización, simplemente porque tienen una relación con otra persona que ya está involucrada y por ello su integración al equipo y unión dependerá de la empatía y relación con la persona que ya estaba involucrada por lo tanto necesitamos relaciones para poder ganar aliados a nuestra causa. Para poder adquirir el apoyo de personas fuera de nuestras organizaciones, necesitamos formar relaciones en las que la gente sepa que pueden confiar en nosotros, nuestras relaciones le dan significado y riqueza a nuestro trabajo y a nuestras vidas, todos necesitamos una comunidad de personas con las que podamos compartir nuestras alegrías y conflictos para organizar y hacer un cambio en nuestro entorno podemos comenzarlo poco a poco la amistad sirve de mucho.

¿CÓMO SE FORMAN RELACIONES?

A continuación encontrarás consejos para que tus relaciones despeguen, algunos de estos consejos los hemos aprendido desde primer grado, pero a veces ya siendo adultos se nos olvidan, por ello decidí incluirlos en este libro

- Forma relaciones una a una. Afortunada o desafortunadamente, no hay atajos, hacer una publicación te ayuda a mantenerte en contacto con mucha gente, pero no sustituye llegar a conocer el interior de una persona, al entablar conversaciones más íntimas que solo suceden uno a uno
- Se cordial y has una conexión, puede parecerte evidente, pero una palabra cordial o una sonrisa puede arreglarle el día a alguien, si tu tratas de encontrar algo en común, con la otra persona, tendrías una conexión más cercana con todos los integrantes de tu entorno.
- Hazle preguntas a la gente, las personas les encanta hablar de sí mismas y acerca de lo que piensan. Si usted le pregunta a la gente sobre ellos mismos y se toma el tiempo de escuchar atentamente, ellos pueden convertirse en sus amigos rápidamente.
- Cuéntale a la gente sobre ti, la gente no estará dispuesta a confiar en ti a no ser que tú estés dispuesto a confiar en ellos. Cuéntales lo que piensas y lo que verdaderamente sientes y te preocupa.
- Ve a sitios y haz cosas, disfruta de la vida no pares... Cuando le preguntaron a un ladrón porque robaba bancos, él contestó, **"porque ahí es, donde está el dinero."** Si usted quiere hacer amigos usted tiene que ir a donde está la gente: picnics, conferencias, eventos, eventos para recaudar fondos, fiestas, patios de recreo, boleras, juegos de ligas menores, ventas de comidas caseras, etc. Y de acuerdo con las amistades que buscas es donde elegirás ir.

- Acepta a la gente tal como es, Tu no tienes que estar de acuerdo con ellos todo el tiempo para poder establecer una relación con ellos, ni tampoco debes obligarlos a que piensen igual que tú, a nadie le gusta que lo juzguen, solo aprende a disfrutar de su compañía.
- La persona que aparenta ser más tosca tiene un alma solitaria esperando que alguien quiera tomarse el trabajo de conocerla mejor, se amable con ellos tal vez ellos solo esperan alguien que se tome la molestia de tratarlos.
- Supera tu miedo a ser rechazado, la mayoría de nosotros sufre de ese miedo, pero solo hay una cosa que hacer al respecto: sobreponerse, si tu quieres establecer relaciones, planea en que te van a rechazar más de una vez, tú te verás merecidamente recompensado las veces que disfrutes las nuevas relaciones que has hecho.
- Se persistente, las personas a menudo son tímidas y desconfiadas, si decides intentar ocasiones repetidas sobre una amistad en particular podrías obtener más que un amigo un aliado.
- Invita a las personas a que se involucren en alguna actividad de voluntariado, la gente le gusta ser parte de algo más grande que ellos mismos, mucha gente está buscando la oportunidad de conocer otros que comparta metas en común, se sentirán halagados de que tú los invitaste a ellos a que tomen parte de actividades y aportaran a tu proyecto grupal.
- Disfruta de las personas, si usted en realidad disfruto de la gente, y dejas de criticar, enjuiciar o lastimar, los otros se sentirán atraídos por tu actitud, es probable que deseen estar cerca de ti.

¿CÓMO MANTENER RELACIONES?

Ahora sabes cómo formar relaciones, sin embargo, las relaciones, como cualquier otra cosa viviente, necesita de cuidados y alimentación para mantenerlas vivas y saludables. ¿Qué hacer con ellas para mantenerlas funcionando? Aquí te daré algunos consejos:

- Ponle atención a la gente, comunícate con los demás de tu entorno, sobre todo en más ocasiones que solo cuando necesites hacerlo, esto te tomara solo unos minutos, pero esos minutos marcan la diferencia para ayudar a que tu familiar, amigo o compañero de trabajo sienta la importancia de su aportación en tu vida, y con ello entenderán la importancia que tú tienes.
- Comunícate abiertamente, como humanos necesitamos comunicarnos, es recomendable dejar algo de tiempo en tu día, simplemente para hablar de cómo van las cosas, con tus amigos y familiares, cuando las personas no tienen la oportunidad de hablar sobre temas importantes para ellos mismos y la relación, se pueden presentar malentendidos, van creciendo las tensiones, y se generan inconsistencias en esa relación en particular por eso debemos entender que la comunicación es una disciplina que se debe practicar regularmente siendo una vía de dos lados.
- Valórense el uno al otro, todo el mundo necesita reconocimiento para mantener las relaciones, si tu amas a alguien díselo, si tú te das cuenta que alguien ha hecho un trabajo espectacular díselo, si tu disfrutas trabajar con

alguien díselo, todos somos seres humanos y el reconocimiento nos ayuda a prosperar, a tener más confianza en nosotros mismos y asegurar nuestro éxito, sal de ese entorno del 98% de los negativos, y comienza a valorar.

- Entrégate, esfuérzate por ayudar y entregarte más, aporta más a los proyectos de tus familiares, amigos, compañeros de trabajo, sin tratar de imponer tus ideas, al entregarte estarás cediendo tu ser a una unión que la otra parte te valorara.

- Desafíense el uno al otro a mejorar, todos necesitamos un compañero para que nos motive hacer más de lo que pensamos que podemos hacer, no le cortes las alas, permítele volar aún más alto sueña con él, también podemos formar relaciones más fuertes desafiando a las personas que amamos, a aceptar retos más grandes, con ello se sentirán acompañados y con apoyo gracias a ti.

- Apóyense uno al otro, en todo reto que se presenten en la vida, se un aliado de alguien que ocupe apoyo y cuando tú lo requieras tendrás más de 2 disponibles aliados para apoyarte en tus retos, la lealtad es esencial para mantener relaciones saludables, no es necesario estés de acuerdo con todo lo que la otra persona hará, pero al apoyarlo cuando esté en un aprieto, él lo agradecerá en grande.

CUANDO LAS RELACIONES SE LLENAN DE PROBLEMAS...

Tarde que temprano muchas relaciones se llenan de problemas, eso no es malo, en algún momento de la relación se necesita un detonador para limpiar el ambiente y ubicar nuevamente la relación al equilibrio, recuerda un conflicto no significa que la relación se tiene que terminar, a menudo nos peleamos con la gente por la que sentimos más cariño y con la que compartimos nuestras más grandes esperanzas, es por ello que por mecanismo de defensa o protección generamos un conflicto al tratar de imponer nuestras ideas en sus vivencias, sin embargo, ¿qué hacer cuando las relaciones se llenan de problemas? a continuación encontraras ideas que te pueden servir cuando las cosas se ponen difíciles, en una relación que valoras.

- Saquen tiempo para escucharse mutuamente, esto no será fácil, cada persona debe tomar algo de tiempo para escuchar sin interrumpir mientras que la otra persona habla.
- Ponte en el lugar de la otra persona, todos los que están en un conflicto tienen una visión diferente de la situación, en el medio de la pelea ambos están convencidos de que tiene la razón, observa como la otra persona está viendo la situación, inclusive al hacerlo la otra persona vera la situación a través de tus ojos y entenderá lo que tú estás tratando de hacer.
- Ve la verdad de lo que la otra persona está diciendo, observa si tú puedes corregir la situación, si se tiene que pedir disculpas, hazlo, puede que se sienta horrible, pero una disculpa ayudara a que una relación vuelva a su curso.
- Separa los sentimientos de la realidad, todo el mundo tiene sentimientos que afloran intermitentemente, a menudo la gente dice cosas que no quieren decir cuando están en el medio de un disgusto emocional, si es así en tu conflicto da tiempo y espacio, para que ambos sientan, antes de que traten de arreglar

las cosas, para así volver al cauce de la relación.

- Sigan valorándose y respetándose mutuamente, aun cuando puede ser difícil, enfóquense en los aspectos positivos de la relación, si tu inspiras agradecimiento, la otra persona hará lo mismo.

- Habla de corazón, a medida que trates de desenredar la dificultad, enfócate en lo que te preocupa más a ti y a la otra persona teniendo en cuenta ambos objetivos, llegaran a soluciones más equilibradas y así a retomar la relación.

- Se persistente cuando las cosas se pongan difíciles, es necesario tomarse un tiempo para respirar, sin embargo, trata de no darte por vencido de la relación, cuando las cosas están difíciles hay lecciones muy importantes por aprender, y es bueno saques mayor experiencia de ello además, ¿no es mejor conservar relaciones en las que se ha invertido tiempo y cariño?

- Por último y más importante: tú puedes actuar independientemente para mejorar cualquier relación, aún si la otra persona o grupo de personas están actuando muy mal, tu puedes actuar de una manera que es positiva, respetuosa, constructiva y amable, esto sorprenderá a la gente y de hecho, puede que sigan su ejemplo.

¿Es más fácil decirlo que hacerlo? Desgraciadamente sí, no existe un atajo puede que te resulte difícil manejar las relaciones de tu entorno, pero no imposible, si trabajas con ellas podrás definir y mejorar tu entorno disfrutando de todas y cada una en particular, está en tu poder de decisión en ponerte frente a ellas y sacarle el provecho máximo, recuerda en toda situación estarás frente a relaciones, más te vale aprendas a relacionarte para vivir en tranquilidad con tu entorno.

Dinámica:
Haz una carta donde escribas todas las situaciones que hoy estas dispuesta a perdonar, tanto de ti mismo como de las personas de tu entorno, léela observa y anota todos los momentos que escribas una autocrítica y combátelos con virtudes quémala y si es necesario hazla cada que sientas la penuria de hacerlo nuevamente para así sueltes todo lo necesario y te permitas fluir mejorando tus relaciones fallidas y disfrutando más de ellas valorando más a las personas que a las situaciones.

Está en ti mejorar tus relaciones.

SUPERA TUS MIEDOS Y CREENCIAS

Metáfora: era un gusano que por donde andaba iba muerto de miedo por todas las creencias adquiridas en su vida en base a lo vivido que veía todo como gigantes dispuestos a destruirlo por su pequeñez, sin embargo un día decidió meterse en su capullo, pasó un tiempo transformándose hasta llegar el día que salió, poco a poco fue abriendo sus alas y pudo darse cuenta que aquello que él veía como un gigante después de su transformación logro verlos del tamaño de una hormiga al permitirse volar tan alto que aquello a lo que tenía miedo ya no era necesario enfrentarse puesto los había dejado muy abajo y ahora disfrutaba de las nubes. Las creencias aplican en cada uno de nuestros pasos, si de pequeño me decían tonta cuando salgo de la casa y se me olvidan las llaves me digo "qué tonta soy", si es tu caso ya no te lo digas ni en broma el inconsciente no tiene sentido del humor y se lo cree.

Debemos dejar de asignar etiquetas, no tratamos de manera diferente a las personas con respecto a ellas creemos o suponemos como por ejemplo a su nivel social, lugar de nacimiento, color de piel u ojos, estatura, etc. Nos estaremos equivocando en varias ocasiones. Hoy es momento de dejar esto atrás, no debería ser así ya que nos limita y sin querer lastimamos a los que nos rodean, recuerden que la enfermedad de la ESTUPIDEZ EMOCIONAL no la padece quien la tiene, sino quien está a su alrededor, hoy tomemos conciencia de soltar todas las fobias y creencias que nos limitan para así permitirnos avanzar como le sucedió al gusano paso por un proceso de metamorfosis para así convertirse en la más bella mariposa.

La creencia es la idea que se considera verdadera y a la que se da completo crédito como cierta, la conformación de una creencia nace desde el interior de una persona, se desarrolla a partir de las propias convicciones y los valores morales, aunque también es influenciada por factores externos y el entorno social (la presión familiar, los grupos dominantes, etc.). A la hora de hablar de creencias, tendríamos que subrayar la existencia de una gran variedad de ellas. Así, por ejemplo, nos encontramos con las conocidas como creencias globales, que son aquellas ideas que tenemos acerca de aspectos tales como la vida, el ser humano o el mundo, que provocan los mayores miedos mundiales, sin embargo, también están las creencias sobre el origen de algo, sus causas o el significado, estas por su parte, lo que logran es mejorar nuestra autoestima y nuestra confianza ya que básicamente de lo que se encargan es de ayudar a potenciar nuestras capacidades. De esta manera, nos otorgan seguridad e iniciativa para poder llevar a cabo determinadas actuaciones ante hechos concretos que surjan.

El miedo es una respuesta natural ante el peligro; una sensación desagradable que atraviesa el cuerpo, la mente y el alma. Se puede deber a algo que pasó, que está sucediendo o que podría pasar. Es difícil de controlar y puede provocar todo tipo de reacciones, tales como parálisis o ataques de ansiedad es por ello vencer la creencia, vivencia o realidad que lo esté provocando para así exterminarlo desde la situación que lo presenta y si así lograras vencer todos los miedos en conjunto.

TÚ ERES LO MÁS IMPORTANTE Y EL PILAR DE LOS QUE AMAS

En este sub capitulo es para recordar tu valor, recuerda tu eres lo más importante y el pilar de los que amas debes aprender a darte tú mismo/a ese valor nadie más lo hará, la forma del trato que te des, será la forma del trato que te den las demás personas es por ello que tú debes convertirte en tu mejor guardián y por fin te olvides ya, de ser tu peor enemigo, sabes hoy en día esto es muy difícil ya que existen muchas modas que han permitido la devaluación de la persona principalmente por ellos mismos, sin embargo, Hoy me siento con la capacidad de recomendarte ciertas cosas que si unes y trabajas en conjunto con tu confianza lograras sacar la mejor versión de ti, y sabes ello te llevara a tener ese equilibrio personal que la mayoría buscamos AMOR, SALUD Y PROSPERIDAD.

Primero: Quiero recordarte que TÚ ERES LO MÁS IMPORTANTE, debes invertir tiempo en construirte, desarrollar habilidades para sacar la mejor versión de ti que solo se construye en tu día a día reforzándola con pequeñas fracciones de valores, amor, respeto, tolerancia, dominio de sí mismo, entre otros ingredientes aquí te escribiré algunos de ellos empezando por aprender a el dominio de sí mismo, hoy mírate al espejo obsérvate por un minuto fijamente, di 5 cosas positivas y 5 cosas negativas... las positivas poténcialas, las negativas jamás las utilices para auto flagelarte si no para combatirlas con virtudes hasta llegar el punto de eliminarlas, esto será tarea semanal si no es que diario con ello brillaras

Segundo: Incluye en tu vida LOS 4 ACUERDOS DE LA SABIDURÍA TOLTECA

1.- No hagas Suposiciones: no des nada por supuesto, si tienes duda aclárala, si sospechas pregunta, suponer te hace inventar historias increíbles, que solo envenenan tu alma y que no tienen fundamento

2.- Honra tus palabras: Lo que sale de tu boca es lo que eres tú, si no honras tus palabras, no te estas honrando a ti mismo: si no te honras a ti mismo no te amas, honrar a tus palabras es ser coherente con lo que piensas lo que dices y lo que haces, cuando honras tus palabras eres autentico y respetable ante los demás y ante ti mismo.

3.- Haz Siempre lo mejor que puedas: Si siempre haces lo mejor que puedas, nunca podrás recriminarte o arrepentirte de nada.

4.- No tomes nada personalmente: Ni la peor ofensa, ni el peor desaire, ni la más grave herida, en la medida que alguien te quiere lastimar es en esa medida se lastima a sí mismo.

Tercero: conviértete en un líder, principalmente de tu vida este es un perfil para seguir

- Gente apasionada que hace lo que hace por amor y no por interés.
- Gente que trabaja día a día con la temática en la que está posicionada y así siempre está actualizada.
- Gente que tiene don de relacionarse con otros.
- Gente que tiene una paciencia infinita, para saber que esto es un proceso lento
- Gente que tiene humildad y sabe que hay que hacer cosas desinteresadas para recibir cosas buenas.

- Gente que le gusta ayudar a los demás y no teme competir con otros profesionales, porque algo es cierto, los profesionales no compiten entre sí, los clientes son los que deciden con quien hacen tratos.

Cuarto: invierte tiempo en desarrollar tu marca personal, para que le saques el mayor provecho posible, en el momento que te decidas dividir tu tiempo en construirte no olvides documentarlo y fundamentarlo en acciones que te lleven a tu objetivo principal, la marca personal hoy en día es algo que nos permite destacar y por consiguiente nos produce una sensación de protección ya que nos convertimos en nuestros propios y principales guardianes aquí desarrollare más este tema que fue una de la aportación principal en mi educación con mi mentor Edgardo moreno en la academia de expertos.

¿Qué es eso de la "marca personal"? Una marca personal es la mejor manera de diferenciarse y mostrar el mayor potencial que eres tú mismo para tu servicio, negocio o ventas la marca personal (personal branding) es un concepto que surgió en EEUU a finales de los noventa, y en estos últimos años ha llegado a todos lados en el ámbito de los recursos humanos y a la formación en las escuelas de negocio y marketing para posteriormente encontrar en las redes sociales un potente catalizador que ha difundido este concepto con mucha fuerza, más allá de estos ámbitos concretos, no es para menos, el marketing individual con el que construir un sello propio hoy en día aumenta el valor de un profesional en el mercado laboral, y gracias a las redes sociales ahora permite implementarse menos dependiente de las posibilidades económicas y más de las cualidades profesionales, hábitos, disciplina, constancia y otros ingredientes.

La marca personal: ventaja de hoy, ¿requisito de mañana? Si, en muy corto plazo una buena marca personal va a pasar de ser una ventaja para convertirse en algo bastante habitual y con ello prácticamente en requisito en muchos ámbitos profesionales.

Así que más nos vale que nos pongamos todas las pilas en este tema que es exactamente con lo que te quiero ayudar hoy, para explicar un poco mejor el concepto de marca personal y lo que implica, nada mejor que recurrir a los expertos como Andrés Pérez Ortega que aporta una serie de definiciones, reflexiones e ideas que definen y matizan muy bien el concepto de marca personal:

"Desarrollar una Marca Personal consiste en identificar y comunicar las características que nos hacen sobresalir, ser relevantes, diferentes y visibles en un entorno homogéneo, competitivo y cambiante."
"Por lo tanto la Marca Personal no es un concepto moderno u originado por el marketing. Es simplemente la forma de identificar una imagen, un símbolo o incluso una persona con algo valioso, fiable y deseable."
"El poder de la Marca está relacionado con la capacidad de influir, no de ejercer la fuerza. Las Marcas Personales más poderosas son aquellas que quedan en los caminos poco transitados, por eso descubrir y desarrollar una Marca Personal requiere tiempo, esfuerzo, paciencia y método."
"Por lo tanto, el Personal Branding o Marca Personal es la gestión adecuada y consciente de las

percepciones, los recuerdos y las expectativas que queremos generar en los demás."

Por tanto, podríamos decir que, en definitiva, la marca personal es la huella que dejamos en la mente de los demás si tú aun te preguntas ¿Por qué tu marca personal es tan importante? Aquí te escribo algunos porque para que comiences a construirla **"lograr una buena marca personal puede tener un impacto muy grande en tu estatus profesional"** te mostrare algunas de las razones más importantes de por qué esto es así

- Una buena marca personal te proporcionará mucha libertad profesional porque al diferenciarte, incluso quizás posicionarte entre los líderes en tu nicho, pasas de formar parte de la excesiva oferta (que son los CVs tipo "uno más", incluso aquellos llenos de excelentes títulos y credenciales) a formar parte de un club mucho más apetecible que es el lado de la demanda.
- ¿Tienes marca personal? Una marca personal lo suficientemente fuerte hace que sea mucho más viable plantearte con éxito una fórmula de autoempleo o la creación de una pequeña empresa puesto que has solventado en gran medida uno de los problemas más duros en esa situación: cómo lograr una base suficiente de clientes
- Es mucho más fácil centrarte en los temas que realmente te apasionan
- La relación con tu trabajo puede dar un giro de 180°, el trabajo puede pasar de ser una carga a convertirse en una diversión placentera y muy gratificante.
- Puedes cobrar mejores precios por tus productos y servicios

- Una buena marca personal genera un círculo virtuoso: a mayor reputación, las oportunidades se multiplican y eso a su vez mejora aún más tu reputación.
- La posibilidad de estar detenida se convierte en algo cada vez más improbable, incluso en estos tiempo tan duros.
- Generas ingresos muy atractivos.
- "Algunos todavía piensan que el CV es algo que se escribe, se imprime y se manda por carta. NO, tu CV está en la red y quien quiera contratarte o quien quiera pensar en ti para una oportunidad profesional de algún tipo se va a meter en la red y mirar qué has hecho, sobre qué has escrito, dónde está esa marca en la red. Ésta es la inversión que realmente vale la pena hacer"

Conclusiones
- La marca personal es un concepto reciente, pero importante, que ha llegado para quedarse.
- A medio plazo es probable que pase de ser una oportunidad para diferenciarse del resto de los profesionales a una práctica generalizada y por tanto un flanco más en el que hay que competir a nivel profesional.
- Hoy es el momento que comiences a construir tu marca personal, documenta todo documenta hasta tus momentos de crisis que son los que en un momento te impulsaron a desarrollarte personalmente y ser mejor
- Si tu no crees en ti, que te hace pensar que los demás lo harán...comienza por identificar,qué es lo que te diferencia de los demás, en que te destacas por naturaleza y

comienza ya a crearte o moldear tu marca personal.

- Sea cual sea, la marca personal que queramos construir o las metas concretas que nos hallamos marcado, es un hecho probado que nuestra marca personal nunca lograra alcanzar ningún objetivo memorable a no ser validada por los demás.- Son los demás y desde luego No tú mismo – los que tienen las llaves de tu avance y reconocimiento profesionales, son los demás. Los que te contrataran, ascenderán compraran e invertirán en ti, creerán en ti y en el mejor de los casos te empujaran al éxito por ello no olvides de mejorar tus relaciones para así tu marca no este manchada con sucesos que la puedan opacar.

Recuerda que la Marca Personal se dirigió desde dentro. ENSÉÑALES A LOS OTROS CÓMOTRATARTE.

CREA TU MARCA PERSONAL
Comienza armar tu marca personal

Pat HC Mentora
Arq. Patricia Hernández Carrillo

"SI A ALGUIEN SE LE OLVIDO DECIRTE QUE ERES IMPORTANTE, YO TE LO DIGO, ERES ALGUIEN MUY VALIOSO Y SÉ QUE ESTÁS CAPACITADO PARRA LOGRAR LO QUE SE PROPONGA, SI LO BASA EN ACCIONES... SI AUN ASÍ TE HACE FALTA QUE TE DIGAN QUE ERES IMPORTANTE, BASTA QUE TE MIRES EN EL ESPEJO Y TE LO DIGAS 1, 5, 10, 15, 1000, LAS VECES NECESARIAS HASTA QUE TE LO CREAS POR QUE EN REALIDAD ES CIERTO" Pat HC Mentora

Te contare un relato que te gustará, de una rosa y una mano, la rosa era la más bella del jardín, era muy feliz porque le gustaba su ser, estaba en un lugar donde brillaba con la luz del sol y los rayos de luna, de pronto una mano se enamoró de ella y decidió llevarla a su casa para que la engalanara, sin embargo al ya estar en su sala de la mano, la rosa comenzó a entristecerse. La mano se le olvidaba regarla, sin agua, sin salir al sereno, ni escuchar palabras hermosas, poco a poco se fue marchitando. no podemos culpar a la mano, ya que fue decisión de la rosa callar sus tragedias, si ella en ese momento hubiera dicho sus pesares hubiera cambiado el giro de la historia... pero decidió callar hasta llegar el día que se veía fea opaca y descuidada, entonces la mano decidió tirarla porque ya no le gustaba su aspecto, sin embargo, esta rosa cayó en un lugar con composta y a través de un proceso de transformación, se convirtió nuevamente en la más bella flor disfrutando de ser ella y viviendo al máximo... ¿Tú que rosa quieres ser?

AMATE Y LOS DEMAS TE AMARAN

Sabes a veces suena trillado esto, pocos le ponen la atención que debe de tener, es como aquellas películas que te ponen un material como el agua, lamina o algo que haga un efecto espejo y te preguntan qué vez y no ven nada, la mayoría no lo entiende a la primera, porque no estamos acostumbrados a vernos, en nuestra cultura no nos preparan de niños para saber valorarnos, permitiendo que las experiencias de la vida y nuestro entorno sean los maestros de la apreciación personal, que ocurre todo lo contrario a lo esperado, con el bulling, los juicios, las críticas, las ofensas, las agresiones, el individualismo entre otros nos provocan rechazo hacia nosotros mismos, sin embargo es el momento que tu decidas si quieres seguir la moda o pones ya un alto a todo y comienzas a permitirte brillar, **tú eres importante** ¿lo sabias? Y dentro de todo lo que hoy tienes cubierto en sombras existen maravillas por descubrir (quitarle la maleza des- cubrir) y te darás cuenta que fuiste el afortunado de triunfar en esa primer carrera que tuviste frente a millones y millones de espermas y que al entrar al ovulo lograste ser un ganador, superando tu primer crisis que no la viste como ello, seamos francos ibas con hambre de lo desconocido, de sobrevivencia, de amor entonces en que momento perdiste esa chispa, a quien decidiste entregar tus poderes especialmente el poder de decisión, hoy recupéralo y aprende a amarte no importa lo que cueste, aférrate a aprender a amarte, hoy deja de vibrar en la queja, hoy deja de pensar en lo que te falta, HOY comienza a vivir una vida plena, que solo se logra al aprender amarte.

AMATE con todo lo que hoy para ti es un error, un defecto o un martirio sobre ti mismo, AMATE simplemente AMATE y comienza hacer cambios que te he sugerido hasta esta parte de este libro, sabes el testimonio más grande que esta recetita da resultados soy yo misma Patricia Hernández Carrillo en el momento que comencé haciendo cambios, que comencé acciones de esa lista que después se convirtió en mi programa principal y hoy en día en este libro te confesare el secreto, fue DECIDIR AMARME, al inicio fue difícil, claro que lo fue era una mujer divorciada, con su familia quebrada, con conflictos con todo mundo, con la agresividad de un animal maltratado, claro que dolió, dolió mucho todas las situación que se me fueron presentando…

pero sabes cuándo decidí entregar mi peso a Dios y el fuera el que moviera las piezas aprendí lo que es la felicidad y se reduce en amor, amor hacia ti mismo siendo el maestro de los demás para que aprendan a tratarte, valorarte y amarte lo hacen desde siempre solo que a veces por amor, cometemos las peores barbaridades es por ello la necesidad de tu intervención para que nadie te pisotee tú debes enseñarle al mundo como tratarte... tu eres grande, tu eres un ser poderoso, un ser que ha venido al mundo a triunfar, a ser exitoso en todo lo que pongas tus manos, cabeza y corazón y sabes solo basta que te lo creas, yo creo en ti, por eso no me cansare de repetirlo **TU ERES IMPORTANTE**

"Así que AMATE para que los demás te amen, y AMA A LOS DEMAS sin reservas, disfruta de todos respetando su individualidad, y aceptándolos como son, solo así el amor será un camino de 2 vías plenamente transitable sin obstáculos con el poder de la divinidad y su orden divino por delante" Pat HC Mentora

Capítulo 4

QUE

BUSCA TU PORQUE DE LA VIDA

QUE BUSCAS PARA TI, HAZ LO POSIBLE

Este sub capitulo es dedicado a darnos cuenta que pasaría si hoy tu vida terminara en este instante, piensa que es lo que dejas sin solucionar y que has dejado de hacer en tu vida que hoy te pesaría terminarla sin haberlo hecho... Sé que estos años te mantienes viviendo con situaciones incomodas que no has podido solucionar, sin embargo lo que has leído de este libro son herramientas que te ayudaran a darte cuenta que con habilidades podían haberse evitado ciertas situaciones, con más enfoque interior, amor propio, sacrificios y una mejor actitud.

Hoy te invito a hallar lo que te apasiona en la vida, para dejar de sobrevivir y no volver a trabajar en tu vida aprender a desarrollar habilidades que te hagan amar lo que haces y sientas la dicha de comenzar una vida llena de AMOR, SALUD Y PROSPERIDAD, en conjunto con PLENITUD Y FELICIDAD... TE LO MERECES comienza a vivir al máximo y vivir tu propio sueño, porque cuando te gusta lo que haces no se te hará pesado, ni un solo día de tu vida porque sabrás esperar, y hacer lo que corresponde al día teniendo en tus relaciones ese equilibrio de siempre haber dejado una palabra amable en tus labios, no sabemos en qué momento nos retiraremos de esta vida, y es mejor ser así recuerda.

"Actúa en tu vida como si comenzaras a vivir, disfruta del aquí y el ahora y cuida de tus relaciones siempre dejando una palabra amable como si fuera la última que les dirás, podría ser que sea la última vez que los veas. Esto es real" Pat HC Mentora

¿SABES QUE QUIERES HACER EN TU VIDA?

Si lo sabes, te felicito, si no, quiero decirte que saber exactamente lo que deseas, es la forma más efectiva de conseguirlo, ¿Sabes...? Se cree que la mayoría de las personas casi siempre saben lo que NO desean, y lo saben porque viven por años con lo que les molesta, cuando se trata de atreverse a cambiar eso que no les gusta, se toman mucho tiempo y a veces la vida entera para decidirse a hacerlo, voltean atrás y terminan lamentándose por haberse tardado tanto. Hagamos una Dinámica... cierra los ojos... Te quiero pedir que por un instante imagines tu vida en un barco que navega sin destino claro, sin rumbo definido. Date cuenta como pasas horas, días y años navegando sin sentido, gastando tus recursos más valiosos, tiempo y energía tratando de mantener tu barco a flote mientras te encuentras en altamar. Y todo este esfuerzo lo llevas a cabo sin la ilusión, motivación y pasión que te produciría el saber a dónde deseas llegar. ¿Te gusto lo que imaginaste? Es la forma que adoptamos vivir, Hoy decidamos hacer un cambio y un cambio en grande aquí te dejare algunas preguntas que me encantaría te las hicieras y tomaras tu cuaderno de notas para tomar en cuenta las respuestas en tu vida.

¿COMO DARTE CUENTA QUE TE APASIONA EN LA VIDA?

Que tienes que hacerte para des-cubrir (sacarle el cubrimiento) a esa sabiduría, que YA la llevas contigo y aún no la descubres o no has utilizado, esto es como "La Varita Mágica" más poderosa que jamás te hayas imaginado tener, **"Para cambiar tu vida por fuera debes cambiar tú por dentro. En el momento en que te dispones a cambiar, es asombroso cómo el** universo comienza a ayudarte y te trae lo que necesitas" Louise Hay.

DISFRUTA DE LO QUE TE APASIONA EN LA VIDA

Un mendigo había estado sentado más de treinta años a la orilla de un camino, un día pasó por allí un desconocido e hicieron este dialogo

- Una monedita, murmuró mecánicamente el mendigo, alargando su cuenco.
- No tengo nada que darle, dijo el desconocido.
Después preguntó: ¿Qué es eso en lo que está sentado?
- Nada, contestó el mendigo. Sólo una caja vieja. Me he sentado en ella desde que tengo memoria.
- ¿Alguna vez ha mirado lo que hay dentro?, preguntó el desconocido.
- No dijo el mendigo. ¿Para qué? No hay nada dentro.
- Échele una ojeada, insistió el desconocido.
El mendigo se las arregló para abrir la caja, con asombro, incredulidad y alborozo, vio que la caja estaba llena de oro, tú por dentro tienes esa caja llena de oro, dispuesta a que te las arregles para abrirla el momento es Hoy

¿COMO DARTE CUENTA QUÉ TE APASIONA EN LA VIDA?

Tú tienes un tesoro, ¿lo sabías? Ya sea que te hayas olvidado de él o aún no te hayas dado cuenta de que lo tienes, probablemente estés mendigando afuera, como un mendigo lo hace en la calle, observa dentro de tu "casa", observa dentro de ti, no necesitas mendigar nada; puedes elegir ser un rey en este mismo instante, ¿Qué me dices sobre lo que lo que acabas de leer? Quizás te venga a la mente esta pregunta: ¿Cómo voy a convertirme en rey en este mismo momento? " He estado mendigando durante tanto tiempo y todavía soy un mendigo, y aún si sigo mendigando durante mucho tiempo más, no voy a convertirme en rey, por lo tanto es absolutamente irracional pensar que va cambiar mi situación", aunque sólo estamos hablando de una mentalidad: la del mendigo, sin embargo yo te digo: **PUEDES CONVERTIRTE EN REY O REINA AHORA MISMO** ¿Puedes creerlo? El mendigo no lo creería, no podría, ¿Por qué?, porque su mentalidad tiene origen en un hacer repetido desde hace mucho tiempo (¡sus hábitos!), pero si ese tesoro (**dones y talentos**) se hallara ESCONDIDO en tu "casa", ¿qué pasaría si sacaras un poco la tierra, la escarbaras un poco y buscaras? ¡El tesoro aparecería ante ti! No volverías a ser nunca un "mendigo"; te convertirías en el Rey y Líder de tu propia vida, el problema está en que no nos han enseñado ni criado entrenándonos para acceder a ese conocimiento amoroso que viene directo del corazón, lo bueno es que la "mentalidad de mendigo", ¡puede cambiar! Y puede cambiar desde HOY, hacer lo que uno ama en la vida para mí es sinónimo de vivir en abundancia, bienestar y libertad (¡como reyes!) y hoy tienes el poder de decisión que te hará vivir en cada momento como rey o reina de tu propia vida.

"Sé siempre luz para los que te rodean, ten siempre las palabras adecuadas para quien las necesite y que todas tus experiencias sirvan a otros, recuerda que por muy mal que haya ido en la vida es un aprendizaje podrías ayudar a alguien con tu experiencia ser como guía... cree en ti" Pat HC Mentora

Creo que el no ponerse en contacto con eso que aviva el alma es uno de los motivos más grandes por lo que las personas andan por la vida siendo y haciendo cosas que las estresan, sintiéndose vacíos e infelices, ¿Cómo la salud no va estar resentida si se sienten obligados a hacer lo que no quieren? con estas preguntas, mi propósito es que tomes conciencia, que comiences a abrir los ojos a tu sabiduría interior y que empieces desde HOY a vivir una vida abundante, armónica y libre.

Dinámica contesta estas preguntas:
¿Qué te hace reír?

¿Qué hace que se dibuje una sonrisa en tu cara?

¿Te viene a la mente alguna situación o hecho concreto que logra que te "enciendas" o que se "ilumine" tu ser? Anótalo…

¿Qué cosa haces o antes hacías que te hacía sentir en paz o tranquilidad total?

¿Qué cosa o actividad te resulta fácil hacerla?

¿Qué es lo que logra que te sientas creativo?

¿En qué te sientes creativo?

¿Qué cosa harías sin cobrar por ello, gratis?

¿Sobre qué te encanta hablar? ¿Sobre qué tema pasarías mil horas conversando y te dicen tus amigos "bueno, basta de –eso-… eres un fanático!"?

¿Haciendo qué o en dónde NO sientes miedo a fracasar?

Si hoy fuera el último día de tu vida, ¿qué te hubiera encantado hacer y que no pudiste o intentaste antes?

BUSCA TU TESORO EN TU CASA, SE QUE LO HALLARAS

UNE TUS PIEZAS QUE ARMEN TU FELICIDAD

Este sub capitulo te presento las cinco piezas más importantes del rompecabezas de la vida según Jim Rohn que son:
1. La filosofía,
2. La actitud,
3. La actividad,
4. resultados y
5. El estilo de vida.

Si comprendemos y aplicamos los contenidos de este tema, nos daremos cuenta que todo lo que necesitamos está a nuestro alcance para lograr el desarrollo, la felicidad y ser exitosos
"Es más fácil obtener lo que se desea con una sonrisa que con la punta de la espada" William Shakespeare

Las cinco piezas más importantes del rompecabezas de la vida

Jim Rohn motivador Fue filósofo, consejero y coach muy exitoso algunas de sus frases son **"El éxito es la tecnología de lo obvio"**, frecuentemente mencionaba: **"Ser extraordinario no consiste en hacer cosas extraordinarias, sino en hacer cosas ordinarias extraordinariamente bien."** su obra magistral: "Las Cinco Piezas más Importantes del Rompecabezas de la Vida" expresa y enseña concisamente los elementos clave para un cambio de vida efectivo a través del conocimiento y crecimiento personales. Hay muchos aspectos importantes en nuestras vidas. Para ser felices y lograr lo que nos proponemos, si nuestras metas son lógicas, para Jim Rohn hay 5 piezas que cubren los aspectos más importantes en nuestro desarrollo personal, cuando la persona se pone a trabajar en ellas, seguramente logrará lo que busca. Estas cinco piezas son las siguientes.

1. **La Filosofía:** Esta es la más importante de todas las piezas. La Filosofía es simplemente lo que sabemos a través de la experiencia, de nuestra educación e instrucción en la que han influido las personas que nos han rodeado, el medio en el que nos desenvolvemos, lo que leemos, lo que escuchamos, la importancia y utilidad de la Filosofía es una verdad práctica y de sentido común. Si se considera la Filosofía por parte de su etimología, nada más digno del hombre, como ser inteligente, que el amor de la sabiduría, "Filosofía es amor a la sabiduría, la esencia del conocimiento, aunque a muchos no les guste es la libertad de pensamiento" el efecto de la Filosofía es por una parte dirigir y conducir al hombre al conocimiento y posesión de la verdad, y por otra ordenar y dirigir sus acciones morales en armonía con el conocimiento y posesión de Dios como principal fundamento del hombre por medio de la práctica de la virtud: y la virtud y la verdad son los bienes más excelentes, o mejor dicho, los únicos bienes verdaderos a que el hombre debe aspirar en esta vida, pues la experiencia, la historia y la razón enseñan.

2. **La Actitud:** Involucra al aspecto emocional, el cómo nos sentimos acerca de lo que sabemos, nuestra autovaloración y autoestima; ya que sabemos que la mayoría de lo que nos sucede depende de cómo reaccionamos ante lo que nos sucede. Se deriva de la filosofía, ya que

podemos tener una buena o mala actitud según nuestra experiencia y cada uno decide la actitud a tomar ante las circunstancias de la vida, una actitud es una forma de respuesta, a alguien o a algo aprendido y relativamente permanente. El término "actitud" ha sido definido como "reacción afectiva positiva o negativa hacia un objeto o proposición, Las actitudes se componen de 3 elementos: lo que piensa (componente cognitivo), lo que siente (componente emocional) y su tendencia a manifestar los pensamientos y emociones (componente conductual), son fundamentales en la vida en general, ya que un ambiente grato puede llegar a provocar emociones que mantengan a las personas en actitudes positivas aumentando su rendimiento como persona ante toda circunstancia o hecho que lo provoque.

3. **La Actividad:** Con una adecuada Filosofía de actividad podemos lograr "todo lo que podamos y lo mejor que podamos", dando nuestro mejor esfuerzo en la dirección correcta de forma diligente y disciplinada, la actividad resulta ser aquella situación que mediatiza la vinculación que el sujeto tiene con el mundo que lo rodea. Poniéndolo en términos un poco más formales, la actividad es el conjunto de fenómenos que presenta la vida activa, como son los instintos, los hábitos, la voluntad y las tendencias, entre otros y que son junto a la sensibilidad y la inteligencia las partes fundamentales de la vida, la mayoría de las veces la actividad se encuentra vinculada a cierta necesidad que

despierta la búsqueda. En el propio momento de la actividad, ya sea individual o colectiva, tiene lugar el reflejo psíquico de la realidad y es allí donde se produce la formación de la conciencia.

4. **Los Resultados:** Es de lo que se trata el juego de la vida, ya que demuestran si vamos en el camino correcto, si hemos potenciado al máximo nuestros talentos, pudiendo obtenerse valoraciones en determinado tiempo y hacer correcciones de medio término, para alcanzar un fin, independientemente del tipo de ámbito implica la obtención de un respuesta, que claro en algunos casos serán lisa y llanamente números y en otros tan solo palabras, como ser positivo o negativo.

PARA QUE SIRVEN LOS RESULTADOS: Evaluar sus acciones y corregir procesos cuando se lo solicitan, Les ayuda cuando les cuesta controlar las situaciones de presión pero eso no le impide alcanzar los objetivos, realizar propuestas sobre nuevas formas de mejorar su trabajo y el de su equipo, planifica y organiza las tareas propias y de su grupo de manera eficaz y a corto plazo, evaluar propuestas y adoptar aquellas que implican mejoras, trabajar excediendo los objetivos fijados para su puesto o su grupo a cargo, para tomar decisiones y establecer prioridades y objetivos balanceando recursos utilizados y así disfrutar de las consecuencias obtenidas (resultados)

5. **Estilo de Vida**: Es en consecuencia de todas las piezas anteriores. Lo importante en nuestra vida es ser feliz, haciendo y disfrutando lo que nos gusta, depende de nosotros el estilo de vida que queremos tener, de aprender a distinguir baratijas de tesoros. El vivir es un arte en el que no debemos confundir el éxito con la riqueza y la felicidad con el confort, comprende tres aspectos interrelacionados: el material, el social y el ideológico, Si comprendemos y aplicamos los contenidos del libro, nos daremos cuenta que todo lo que necesitamos está a nuestro alcance para lograr el desarrollo, la felicidad y la plenitud personales.

ENCUENTRA TU EQUILIBRIO y ve en busca tus 5 piezas que armen tu felicidad, ¿te gusta la filosofía que hoy manejas, que tal tu actitud no está atrapada en tus miedos y creencias que te limiten en tus actividades y los resultados que hoy tienes te brindan el estilo de vida que deseas? Hoy es tiempo de cambiar.

ENERGÍZATE

Es importante energizarse para una vida armoniosa, sabes el único camino para poder diferenciar lo que estás viviendo es acercarte a tu ser Supremo, Jesús fue el que me ayudo a regresar a ese camino que tenía confuso en mis depresiones y parte de esa energía de hecho la más importante es la ORACION, hasta este punto del libro es donde pondremos un punto y aparte con respecto de tu pasado y vida en CRISIS y tu futuro el ÉXITO, a partir de este día comienza a cambiar tu mente, tu nueva mentalidad rica libre de problemas y limitantes, te abriría totalmente la disposición para ponernos a trabajar en un plan de vida e incrementar tus ingresos poniéndote en movimiento y en camino al ÉXITO, la experiencia nos ha enseñado que un espíritu tolerante y apacible es un elemento esencial para poder vivir pacíficamente con nuestros semejantes.
El carácter recomendable es:

Una vida armoniosa te pedirá reglas de etiqueta aquí te menciono algunas

- Controla tu lengua, siempre diga menos de lo que piensa, cultivemos un tono de voz agradable, el modo como dice algo, es de tanta importancia como lo dices, cuidemos no salga de nuestro ser negatividades
- Se cauteloso, especialmente al hacer promesas, luego, cumple tu palabra; no importa lo que le cueste.
- Bendice a otros, nunca deje pasar la oportunidad para decir una palabra amable y alentadora a alguien, o acerca de alguien, alaba el trabajo bien hecho, no importa quién lo haya realizado, si la crítica es necesaria, se constructivo, no hagas comentarios con rencor.
- Interésate en los demás, averigua sus anhelos, su bienestar personal, sus hogares y familias, gózate con los que se gozan, con aquellos que lloran procura aliviar su dolor, o al menos acompañarlos. Hazle sentir a la otra persona cuánto vale.
- Se positivo, procura evitar un espíritu negativo, busca la posibilidad para avanzar y ayudar a otro a hacerlo.
- Conserva una mente abierta, cuando tengas que discutir con otra persona, discute sin airarte, una buena señal de las mentes superiores es la de poder estar en desacuerdo con otros, pero a la vez ser amigable.
- Permite que tus virtudes hablen por sí mismas rehúsa hablar de los males ajenos, evite los chismes, ten por regla personal no hablar de otra persona a menos que sea algo bueno o estrictamente necesario.

- Ten cuidado con los sentimientos ajenos, los chistes y burlas acerca de otros no valen la pena. En muchas ocasiones pueden herir a las personas que menos nos imaginamos.
- Cuida en qué basas su autoestima, nunca prestes atención a los comentarios hirientes o críticas dirigidas a ti, vive de tal modo que la gente no crea lo malo que alguien dice de ti,
- No dejemos que nuestro espíritu se llene de amargura hacia los demás, eso sólo producirá mala digestión y afectará nuestros nervios produciendo estrés.
- No estés ansioso por recibir recompensas, cumple con tu trabajo, se paciente y mantén siempre una disposición dulce y agradable, olvídate de ti mismo, en algún tiempo, en alguna forma, en algún lugar, serás recompensado

Recuerda las bendiciones del pasado, cuando alguien fue especialmente amable y de gran ayuda te sorprenderás de cuánto ha hecho el Señor por ti y aun lo seguirá haciendo porque te ama y te da la clave para una vida armoniosa y esa clave es:

LA ORACIÓN, Jesús dice en Juan 12:14: 12 De cierto, de cierto os digo: El que en mí cree, las obras que yo hago él también las hará; y aún mayores que éstas hará, porque yo voy al Padre. 13 Y todo lo que pidiereis al Padre en mi nombre, esto haré, para que el Padre sea glorificado en el Hijo. 14 Si algo pidiereis en mi nombre, yo lo haré.

Ahora examinemos lo que Jesús quiere que repitamos. Cuando estudiamos Su ejemplo, vemos que Él logró lo extraordinario en obras compasivas, generosas, poderosas y sabias, Dio de comer a los hambrientos, sanó a los enfermos, enfrentó a las autoridades y consoló a los afligidos. Jesús sabía que no estaba limitado o definido por su ser físico, El, sabiendo que tenía acceso a la fuente de la naturaleza creativa de Dios, fue capaz de transformar las vidas de las personas que tuvieron fe en Él, Jesús sabía que Él era un canal por medio del cual el poder de Dios hallaba expresión, y sus acciones demostraban esta conciencia.

Jesús nos dice que nosotros, también, somos canales divinos, Él sabía que si descubrimos nuestra gloria innata y la compartimos con los demás, más y más personas vivirán el cielo aquí en la tierra, ¿Cómo logró Jesús tal visión y fe? ¿Cómo pudo descubrir y entender quién era? Jesús tenía un modo sencillo para sintonizarse con el reino Divino, Él oraba, Orar era vital para Jesús. Él habló acerca de la oración constantemente y oró con frecuencia. La próxima vez que leas el Nuevo Testamento, fíjate en las veces que menciona que Jesús oró. La Biblia nos dice que oró toda una noche, que se apartó de la multitud para orar, que fue a un jardín a orar, que levantó sus ojos y oró. Esto demuestra que Él incluyó la oración en toda área de su vida y ministerio, y se aseguró de que las personas a Su alrededor, especialmente Sus discípulos supieran cuando Él estaba orando.

Sin embargo, te preguntaras ¿Qué es la oración?, ¿Qué queremos decir realmente con la palabra oración? El Padre Thomas Keating, en su libro: Mente abierta, Corazón abierto, dice: "La oración contemplativa es el proceso de transformación interna, una conversación que es iniciada por Dios, y que nos lleva, si así consentimos, a una unión divina", el escritor, ministro y terapeuta, Wayne Muller, en su libro: Learning to Pray, describe la oración como "escuchar profundamente y con fe, esperar que lo escondido sea revelado. La oración no es una agrupación de palabras, más bien es lo que ocurre cuando prestas atención y esperas que la orilla de los cielos emerja por encima de las palabras", La cofundadora de Unity, Myrtle Fillmore, dice que la oración "levanta a la persona hasta que esta logra sentir su unidad con Dios, quien es Espíritu, la fuente de todo lo bueno y perfecto" (del libro: Las cartas sanadoras de Myrtle Fillmore).

La oración son todos aquellos momentos en los que fomentamos nuestra relación con lo divino. Momentos que apartamos para entender con más profundidad quiénes somos, quién es Dios y nuestra relación con Él, algo en nosotros sabe que nuestras vidas abarcan mucho más de lo que podemos ver en la superficie, somos como un iceberg solo se observa la punta sin imaginar el gran cubo de hielo que llega a la profundidad, si nosotros anhelamos unificarnos con una Presencia que no podemos ver, más que sentimos, La oración nos ayudara a establecer dicha unión, Jesús lo sabía, Él reconoció que para poder experimentar el reino de los cielos, tenemos que mantener nuestra relación con la Presencia, la oración llevó a Jesús a Su interior, donde descubrió la Verdad acerca de la naturaleza de Su ser y la relación con Su Creador. Como resultado, Jesús sólo percibió unión entre Él y Dios, Jesús entendía que no existe el "tú" y "yo".

Él evolucionó a tal punto, que al verse a Sí mismo y a los demás sólo veía a Dios, luego, Él puso en acción su conciencia de unidad con el Espíritu divino. Sabiendo que Dios obraba por medio de Él, también sabía que los demás llegarían a conocer la Realidad Mayor gracias a Él, y que Él sería un ejemplo de las obras de Dios, Jesús no pudo haber logrado el conocimiento profundo y la experiencia acerca de su ser con la oración usando modos tradicionales para orar, Él no le rogaba a Dios; no le decía a Dios que hiciera algo, sólo oró para conocer a Dios, sencilla y puramente, su intención al orar era unirse a su Creador, su ejemplo nos insta a examinar el modo cómo oramos, la mayoría de las veces oramos a un dios externo para que nos salve de los retos de la vida o para que intervenga a nuestro favor, este método de oración genera problemas e inconsistencias.

Jesús no oró para no tener desafíos, sino para estar plenamente presente, evolucionar y llegar a ser quién era en realidad, no evitó lo que la vida le trajo, por el contrario, utilizó cada reto como una oportunidad de demostrar la grandeza de Dios, su fe en la omnipresencia divina era más fuerte que cualquier circunstancia, y Sus oraciones reflejaban esta verdad, sus oraciones le dieron fortaleza para superar todo desafío con gracia y dignidad, la oración nos pone en contacto con lo que es verdadero, como resultado, cambiamos nuestro modo de actuar, aprendemos a ser más afables y compasivos, tocamos la fuente infinita de fortaleza y sabiduría, nuestras vidas se tornan plenas porque hemos hecho surgir y expresado nuestro potencial, ENERGIZATE, cambia tu forma de orar

Capítulo 5

REGRESASTE

ARMA TU PLAN DE VIDA

ROMPE REGLAS

Aquí comienzan las preguntas ¿COMO?, ¿QUE?, ¿QUIEN? Y ¿CUANTO? Para realizar un plan de vida que te ayude a mantener en equilibrio tu vida como cuidar de ti, de tu entorno, ser feliz y como hacer un negocio que no tenga competencia, crear un territorio nuevo, sin necesidad de dividir el éxito con nadie solo aguardarlo para ti, crea tu propio océano azul, elige una estrategia para diferenciarte y ser único, hoy en día frente a la vida estamos enfrascados en querer ser iguales o tener las mismas posibilidades que todos, hoy yo te sugiero que dejes de pensar en lo que los demás tienen y tú no, deja de criticar y sobre todo deja de estar al pendiente de los demás para así comenzar en construir tu plan de vida, logrando así no tener rivalidad con nadie logrando hacer, saber y ser una persona exitosa mostrando la mejor versión de ti.

Está en tu capacidad de crear, la posibilidad de mostrar esa mejor versión de ti preocupándote solo por lo que hoy es importante para ti, no te detengas agrega un plus siempre en tus actividades, que se vea cuando estas presente en tu entorno, pero sobre todo más importante que se vea cuando no estas, que de alguna manera te extrañen por las cosas que aportas y que solo con tu estilo se nota la diferencia

Dinámica:
Te propongo para hacer tu océano azul en tu proyecto de vida pases cada semana una autoevaluación sobre si te gusta la vida que llevas, específicamente en cuatro preguntas:

- ¿Qué debo ELIMINAR

- ¿Qué debo REDUCIR?

- ¿Qué debo POTENCIAR?

- ¿Qué debo CREAR?

En base a este análisis te darás cuenta lo que hoy no te está haciendo feliz, es tiempo de soltarlo.

Hoy reconozco que...

EMPIEZA HOY

Este subcapítulo es para recomendarte que ya no debemos aplazar más, comencemos a tomar acción transitando el largo camino del éxito, te presento las **5 D´S al éxito**, además de los atributos de personas exitosas, ¿quieres ser una de ellas? Ya lo estas logrando, solo falta definir tu plan de vida y disfrutar con plenitud y felicidad

5 D´S al éxito

1. DESEO (pasión): Debes tener un deseo ardiente en tu interior para tirar adelante tu proyecto, una pasión que te desborde y motive para superar todas las influencias externas que intentarán contaminarte, así como para superar momentos difíciles que de bien seguro los tendrás
2. DECISIÓN: Decisión para tomar decisiones y saber tomarlas adecuadamente. Según como las tomes y las que tomes en cada momento serán determinantes para el éxito o el fracaso futuro de tu proyecto.
3. DETERMINACIÓN (compromiso): Debes tener muy claro el "porqué" de tu proyecto, qué quieres conseguir con él, para que puedas comprometerte de verdad. Comprometerse se tener claro qué estás dispuesto a hacer, a qué estás dispuesto a enfrentarte, y qué importante para ti tendrás que "sacrificar" para conseguir tu objetivo.
4. DISCIPLINA: Debes ser disciplinado en tus horarios y tareas, aunque algunas de ellas no

te gusten o te cueste realizarlas. Sin disciplina desde un principio no hay resultados.

5. DIVERSIÓN: Claro que sí, si vas a dedicar tiempo e inversión en un proyecto que no te apasiona, y que además no te permite divertirte durante el camino, mejor no empezarlo. Diversión y actitud, equipo de éxito.

Habilidades para el éxito

- Pasión ¡Disfrutar de lo que haces es una gran parte de hacerlo bien!
- "trabajar duro por algo que no nos interesa se llama estrés. Trabajar duro por algo que amamos se llama pasión
- Persistencia. Empresarios no se dan por vencidos cuando enfrentan desafíos.
- Confianza en sí mismo. Empresarios tienen confianza en sus habilidades.
- Optimismo. Los empresarios creen que sus planes y trabajo duro traerán buenas recompensas.
- Pensar Críticamente. Empresarios sabios no dejan que sus intereses propios les impidan ver situaciones tales como son.
- Creatividad. El factor principal que determina el éxito de un empresario.
- "la creatividad implica huir de lo obvio, lo seguro y lo previsible para producir algo novedoso"
- Tomar Riesgos. Empresarios toman riesgos calculados para lograr sus metas.
- Dispuestos a Trabajar Duro. Empresarios son motivados por metas y orgullosos de sus logros

- Cooperación. Saben cuándo pedir ayuda
- Habilidades de Comunicación. Tienes que saber comunicar las cosas especiales de tu negocio.
- Ser Justos. Empresarios exitosos logra
- tener buenas reputaciones cuando son íntegros y justos
- Saludables. Empresarios saben que para poder cuidar bien sus negocios tienen que cuidar su salud.

Riesgos al decidir planear y ejecutar tu plan de vida y emprender

- Estrés. Iniciar un plan de vida: Puede ser muy estresante. Mientras más tengas para perder o trabajar duro más estresante es, sin embargo, salir de tu estado de confort recompensara toda presión
- Problemas financieros: Es muy probable que pongas a riesgo tu propio dinero o capital, además tus ingresos serán irregulares durante el primer año, de tu emprendimiento si no te educas financieramente podrías a llegar a tener deudas, problemas de crédito y otros problemas financieros.
- Fracaso: Los efectos emocionales de un fracaso no son fáciles para aguantar, especialmente para las personas que no cuentan con el apoyo de amigos y familia, es posible que tengas que trabajar más de 50 horas por semana, esto significa que tendrás que dejar algunas actividades que actualmente disfrutas de hacer y con ello te llegue esta sensación de fracaso.
- Problemas familiares: Si tu familia no entiende los riesgos de tener la concentración

y enfoque hacia tu plan de vida y emprendimiento no entenderán las horas largas, sacrificios y estrés que presentaras tanto por descuidar a ellos mismos, concentrarte en actividades que de bien te ocuparan al 100% concentrado y sobre todo por las finanzas quebradas que presentaras, debes hablar bien con tus familiares que será momentáneo o puede haber serios conflictos en tu hogar.

Recompensas de tener TU PLAN DE VIDA Y EMPRENDIMIENTO
- Independencia. Tienes el control de tu propia vida y trabajo.
- Seguridad: Hoy en día, puede ser más riesgo trabajar para alguien más en vez de trabajar por tu cuenta, comienza haciendo las dos cosas hasta que tu emprendimiento se valga por si solo
- Dinero: Las recompensas financieras de un emprendimiento pueden ser mucho más de lo que ganas en otro trabajo.
- Orgullo. La satisfacción que recibes por lograr tus sueños es uno de los mejores aspectos de tener éxito con un emprendimiento.
- Servir a tu comunidad. Negocios exitosos ayudan a las comunidades a crecer y florecer
- Adquieres nuevas habilidades.

Hacer un plan de vida y un emprendimiento es una poderosa experiencia de aprendizaje que transforma muchos aspectos de tu vida, si estás dispuesto a trabajar duro, es imposible no ganar nuevas habilidades y experiencias, el entusiasmo que tendrás al tener el dominio de ti mismo, te brinda oportunidades, reconocimientos y experiencias emocionantes que al seguir la moda y continuar del modo tradicional de vida perderías todas las ideas creativas que un trabajo tradicional no te generara, emprende y disfruta al máximo de tu vida Hoy en el aquí y el ahora.

¿Por Qué No Tienen Éxito las personas?

- Falta de un plan de vida basado en tus dones y talentos
- No identifican lo valiosos que son y no se valoran a si mismos
- No entienden lo que realmente desean ellos ni su entorno
- No saben fijar limites
- No escogen la función ideal de cada relación haciendo un papel para todos.
- Tienen una mala actitud
- No usan buenas prácticas de Inteligencia Emocional
- No saben administrar bien tiempo y energía
- No cumplen con las reglas y plazos
- No buscan ayuda de un mentor u otros expertos de cada rama que desean modificar de su vida

Premisas para un plan de vida y emprendimiento

- Pensar de ante mano: Haz una lista de todas las personas que conoces y piensa de cómo le podrían beneficiar tu plan de vida, considera a familiares, amigos, vecinos, contactos de trabajo, la escuela, y redes sociales.
- Se claro: Define en realidad que es lo que a ti te hace feliz y sobre ello realiza tu plan de vida

- Mantente preparado: Siempre ten las palabras adecuadas para todas las personas de tu entorno que buscaran contaminarte y bloquearte la realización de tu plan de vida.
- Ten confianza en ti mismo: no permitas que personas que no tienen los mismos anhelos que tú, opinen y destruyan tu confianza solo básala en ti mismo, **"recuerda que si aprendes a creer en ti, lograras crear todo lo que deseas" Pat HC Mentora**
- Busca ayuda de profesionales: se sinceró solo no has podido salir de tus crisis, hoy en día es muy básico tener mentores, consultores, coach y demás que nos ayuden en ciertas bases de nuestra vida para lograr tener el equilibrio recuerda tener las 4 bases principales equilibradas MENTE, FÍSICO, EMOCIONAL Y ESPIRITUAL PARA GENERAR LA ENERGÍA CORRECTA.

  Es fácil de darse cuenta cuando alguien no es sincero, si hoy estas enfadado con la vida que llevas comienza por ser sincero y busca ayuda.
- Ten tu marca personal: ve formando tu reputación que desde ahora te acompañara en tu camino al éxito
- Establece relaciones: Programa un sistema para mantenerte en contacto con todos los que son importantes en tu entorno
- Ten habilidades de Comunicación efectiva: tanto verbal como gesticular, hablar a un ritmo claro y cómodo no demasiado rápido o despacio, con un volumen moderado, ni demasiado fuerte o callado, evitando usar jergas populares y palabras vulgares, sin interrumpir a otros, escuchando

adecuadamente son buenas habilidades de comunicación
- Mantenerte positivo y evita temas de controversia, muestra interés, sonríe, demuestra que estás escuchando y sobre todo piensa antes de responder

¿Cuáles Son Tus Pérdidas de Tiempo que deberás evitar mientras haces tú plan de vida?
- Mirar demasiada televisión
- Hablar por teléfono
- Gastar tiempo navegando el internet
- Desorganización Falta de metas claras
- Preocuparse y hacer Interrupciones frecuentes
- Perder cosas que utilices para hacer tu plan de vida
- Demasiadas demandas de otras personas
- Sentirse abrumado y no saber por dónde empezar
- Buscar información que no tenga que ver con tu plan de vida
- Dejar cosas para más tarde
- No saber poner prioridades
- Dormir demasiado

Ahorros de Tiempo
- Usar un calendario o agenda todos los días
- Asignar prioridades a tus tareas
- Pedir ayuda a tu familia para los quehaceres
- Establecer estrictos horarios para tiempo con familia y tiempo para trabajar
- Hacer las tareas más difíciles en los horarios que estés más productivo
- Aprender a decir no
- Siempre guarda herramientas y equipos que utilizaras cerca

- Buscar alternativas por internet
- Usar alarmas y relojes para administrar tu tiempo
- Planear momentos de descanso
- Planear las compras del supermercado para ir menos
- Buscar ayuda para las cosas que no te salen bien

Lidiando Con Estrés
- Toma un descanso: Si te alejas del problema por un rato es posible que veas una solución.
- Haz ejercicio: Los estudios demuestran que el ejercicio reduce estrés y depresión.
- Come bien: Un plan de vida y emprendimiento requieren que tu estés sano
- Duerme lo suficiente: La combinación de estrés y poco descanso es peligroso, no trates de ganar tiempo al no descansar.
- Sé optimista: A lo mejor no tienes mucho control sobre situaciones estresantes, pero si puedes controlar como reaccionas a ellas, un plan de vida te dará ese equilibrio porque te podrás concentrar en lo más importante que eres tú mismo.
- Busca apoyo: No importa que esté pasando en tu vida, alguien más ya lo ha experimentado y te puede ayudar.
- Afloja tu ritmo: Deja un poco de tiempo todos los días para reflexionar y relajarte.
- No pierdas el ánimo: Siempre lleva un pensamiento inspirador.
- Busca Ayuda: Si te cuesta superar los pensamientos negativos una terapia, te puede ayudar a reducir tu estrés y depresión.
- Pat HC Mentora esta para servirte juntos formaremos tu plan de vida

"Si dejamos de tener malos hábitos todo nos va resultar cada día mejor, ánimo y a empezar hoy tu plan de vida" Pat HC Mentora

GENERA UN PLAN

Este subcapítulo menciona una forma de cómo hacer un plan de vida en 4 partes, después te llevare a los 5 pasos al éxito para solo esperar FESTEJAR EL ÉXITO, una de las características de la vida es que cambia constantemente. Cuando te sientes sin rumbo o simplemente quieres descubrir cuáles son tus prioridades, es posible que quieras considerar escribir un plan de vida. Lo bello de un plan de vida es que puedes darle una estructura a tu vida mientras cambias y creces, sin embargo, no es algo con lo que quedaras por toda la vida podrás agregarle o eliminarle cosas según tu desarrollo y crecimiento personal.

"si no diseñas tu propio plan de vida, es probable que te vas a caer en el plan de otro y ¿adivina lo que han planeado para ti?... No mucho" Jim Rohn

Tu plan de vida 4 partes
1.- Determinando tus prioridades
2.- Creando tus metas
3.- Diseña tu plan
4.- Realiza tu plan

Primero: Considera qué papeles representas en el presente, cada día representamos papeles diferentes o nos etiquetamos de diversas formas a través de nuestras acciones. Estos papeles pueden incluir cosas como "padre", "pintor", "estudiante", "novia", "amante del queso", etc.
Crea una lista en una hoja de papel, ¿Cuáles crees que son los papeles más constantes? Piensa acerca de los papeles que deseas representar en tu futuro. Algunos (si no todos) de tus papeles en el presente tal vez sean los mismos papeles que quieras representar en tu futuro, tales como "madre" o "pintor", sin

embargo, estos papeles son sustantivos que te gustaría que alguien utilice para describirte al final de tu vida.

Piensa en cualquiera de los papeles que estás representando en el presente que te estresan o causan un impacto negativo en tu vida; tal vez esos son los roles que te gustaría tachar de tu lista del futuro, para ayudarte a crear tu lista, piensa en las cosas que esperas hacer. ¿Quieres viajar a otro país porque nunca dejaste tu lugar de origen? Si es así, "viajero" sería algo que puedas añadir a tu lista del futuro

Considera las razones por las cuales representas o quieres representar estos papeles, para crear un plan de vida, necesitas decidir cuáles son tus prioridades en este momento, para hacer esto, considera los papeles que quieres seguir representado o los que quieres añadir a tu vida en el futuro. ¿Cuál es la razón por la que deseas representar un cierto papel? Tal vez hayas escrito "padre" en tus metas futuras porque quieres tener hijos con tu pareja y darles una vida increíble.

Una manera útil de descubrir las razones detrás de tus deseos es imaginar tu propio funeral (si bien esto es una cosa macabra, ¡realmente ayuda!) ¿Quién estaría presente? ¿Qué te gustaría que las personas digan de ti o cómo te gustaría que te describan? Tal vez las cosas más importantes que te gustaría que alguien diga es que fuiste una madre increíble y cambiaste la vida de miles de animales a través de la organización a la cual te ofreciste como voluntario.

Anota tus prioridades. Una vez que realmente hayas considerado por qué detrás de los papeles que quieres ser y hacer en tu vida, haz una lista de ellas. Hacer una lista te ayudará a mantenerte organizado cuando lleves a cabo tu plan, por ejemplo, tu lista puede incluir: "hermana" (porque siempre quieres estar ahí para apoyar a tu hermano) o "escritor" (para que puedas escribir la historia de tus abuelos), piensa acerca de tus necesidades físicas y emocionales, ¿Qué necesitarías para ser la persona que quieres ser? Si uno de los papeles que quieres representar es "alpinista del monte Everest", es posible que tus necesidades físicas incluyan mantenerte en forma y comer bien, Si uno de tus papeles es "amigo", es posible que tus necesidades emocionales se cumplan al rodearte de gente amorosa

Segundo: Creando tus metas, considera qué metas deseas cumplir durante tu vida,
Usa tus papeles, prioridades y necesidades para ayudar a consolidar algunas cosas que quieras cumplir, piensa en esta lista como tú "lista de deseos", ¿Qué quieres hacer antes de morir? Recuerda, estas son las metas que realmente quieres cumplir, no las metas que piensas que otros quieren que cumplas, si necesitas un poco de ayuda extra para reducir tus ideas, considera poner tus metas en categorías. Algunos ejemplos de categorías incluyen: Carrera o vocación, social (familia y amigos), finanzas, salud, viajes, conocimiento o intelecto y espiritualidad, ejemplos de metas (según el orden de las categorías): ser un arquitecto de renombre, casarte y tener dos hijos, ganar el dinero suficiente para enviar cómodamente a tus hijos a la universidad, mantener un peso de 55 kilos, visitar todos los continentes, hacer tu maestría en arquitectura, visitar el templo budista de Borobudur, averigua cómo cumplirás tus metas.

Esto significa evaluar en dónde te encuentras ahora y qué pasos necesitarás hacer para realmente

cumplir tu meta a partir de donde estás parado en este momento.

Por ejemplo, para continuar con la meta de tener una maestría en arquitectura:
A partir de ahora hasta que fecha tendrás que: Investigar sobre programas de posgrado de arquitectura, Escribir los documentos necesarios para postular al programa, Llenar el resto de la solicitud y presentarla a las autoridades correspondientes, Esperar una respuesta de las escuelas, Escoger el programa la cual deseas asistir de los programas que te aceptaron, ¡Inscribirte! Y llevar las materias, pasar por la tesis y obtener tu titulación.

Tercero: Diseña tu plan Este es un buen momento para revisar los detalles de cada paso, como los nombres de los programas de posgrado específicos a los cuales postularás. Si tal vez una de tus metas es simplemente ser feliz, escribe los detalles de lo que te hará realmente feliz a lo largo del camino. Anota los pasos que necesitarás hacer para cumplir cada una de tus metas. Puedes hacer esto en el formato que te guste: escribirlo a mano, escribirlo en un documento de Word, pintarlo en una hoja grande, etc. Cualquiera que sea el formato que elijas, escribe los pasos que necesitas hacer para cumplir cada una de tus metas en orden cronológico. ¡Felicitaciones, acabas de escribir tu plan de vida!,

Cuarto: Realiza tu plan de vida: mantente en movimiento has acciones encaminadas a la realización con enfoque, disciplina y constancia de plan de vida, te recomiendo que revises tu plan de vida. Un hecho de la vida es que siempre cambia y nosotros también. Las metas y prioridades que tenías cuando cumplías los 10 años, no serán las mismas cuando tengas 25 y mucho menos cuando tengas 50 años, es importante revisar tu plan de vida de vez en cuando para asegurarte de que estés siguiendo un plan que realmente te dará una vida feliz y satisfactoria, cuando revises tu plan de vida, también evalúa los éxitos que hayas logrado hasta ese momento. Siempre es bueno hacer un seguimiento de tus logros, modifica tu plan de vida.

Cuando te des cuenta de que tus prioridades y las metas relacionadas con estas prioridades hayan cambiado, es hora de volver a escribir por lo menos una parte de tu plan de vida. Considera qué es diferente, qué es más importante para ti ahora y cómo cumplirás es nueva meta. Escribe de nuevo tu plan de vida las veces que necesites hacerlo, no te límites a un determinado número de metas, tu plan de vida es algo cambiante, no seas demasiado duro contigo mismo si no cumples con una meta para la fecha en la cual la tenías planeada cumplir, se flexible y haz algunos cambios en tu plan y sigue adelante, no te detengas.

RECOPILA LO MAS IMPORTANTE, QUE TE INTERESE A TU PLAN

Este sub capitulo nos enfocaremos en la perspectiva del plan: lo que quieres y lo que deseas, lo que te gusta o apasiona, para lo que eres bueno y como se veían a determinados periodos determinados de tiempo. Te recomendare algunos de los aspectos a considerar para tu ensayo, su estructuración y sus metas y objetivos, talvez esto jamás lo habías notado como importante sin embargo anotar lo importante es como una recetita de cocina para que salga el guiso a la perfección se debe seguir al pie de la letra.

¿Qué es la perspectiva que deseas en tu plan de vida? El planificar hacia un futuro, teniendo un cauce que seguir, que sea acorde a tu realidad, a tus posibilidades, a tus deseos y que tenga un propósito real, duradero y trascendente, es decir, lo que harás tendrá una influencia no solo benéfica para ti, sino para otros. **"El éxito radica en la sabia acción y bien ejecutada." Eclesiastés 10:10 (NVI)**

Proyecto de vida
Determina hacia dónde vas: Debes tener claro que es lo que quieres, que es lo que te gusta o apasiona y que es para lo que eres bueno, es decir tus habilidades, talentos y dones, aspectos a considerar en tu actualidad.

Tiempo	Misión	Estrategias	Visión
Corto plazo			
Mediano plazo			
Largo plazo			

Preguntas para considerar:

¿Qué es lo que quieres y lo que deseas? (Motivaciones)

¿Qué es lo que eres y con quien te identificas? (Personalidad, carácter)

¿Qué es lo que piensas, lo que crees y lo que puedes hacer? (Creencia, mentalidad y posibilidades reales.)

¿Qué es lo que te gusta y lo que te apasiona? (Gustos, intereses, pasiones)

¿Qué es lo que eres bueno, lo que sabes hacer, lo que eres experto casi por naturaleza? (Habilidades, talentos y dones)

Comienza a escribir tu Proyecto de Vida: Escribe un ensayo sobre cómo te vez a ti misma/o a futuro en un periodo de 1 año, un periodo de 5 años y un periodo de 10 años, teniendo en cuenta todos los puntos anteriores, incluyéndolos en tu ensayo y además añadiendo una justificación. Tú puedes tener sueños, pero ¿Cómo vas a hacer para cumplir tus sueños? Con un plan. En tu justificación incluye quienes se beneficiarán, que es lo trascendente de tu proyecto o cual es la importancia de lo que vas a hacer y qué es lo que vas a obtener con tu plan. Por último, tienes que escribir cuáles son tus objetivos, es decir, con tu plan hacia dónde pretendes llegar.

Aspectos para considerar en tu ensayo:
Como te visualizas a 1, 5 y 10 años. (Tus sueños)
Tu plan a 1 año, a 5 años y a 10 años. (Plan estructurado con justificación
Objetivos (El lugar hacia el cual planeas llegar)
Conclusiones (Justificación y lógica de tus planes)

Ejemplo: Estructuración de metas y objetivos
Estructuración de metas y objetivos: No sólo son importantes los objetivos, es decir, a dónde llegarás, sino también las metas, que son como pequeñas banderitas las cuales iras recogiendo que te llevarán hasta tu objetivo. Las metas son una clave esencial de que los planes de prospectiva se lleven a cabo, puesto

que, sin metas y objetivos, tu vida carecerá de movimiento, es decir te encontrarás flotando como un barco en altamar deseando llegar a tierra.

A continuación, presentaré un ejemplo claro de lo que es un objetivo con metas.

Objetivo: Leer 12 libros en 1 año.
Meta: Leer 1 libro por mes
Meta: Leer 50 páginas por semana
Meta: Leer 30 minutos x día.

Como puedes observar, el objetivo es el lugar a donde se pretende llegar, y las metas son la manera en que llegaré al lugar, es decir, en este caso quiero llegar a leer 12 libros en un año, ¿Cómo lo haré? Con metas, que serán leer 30 minutos al día, leer al menos 50 páginas por semana y leer 1 libro al mes, al cabo de 12 meses, la acumulación de estos eventos me traerá como resultado el que yo llegue al objetivo.

También es importante estructurar las metas y objetivos por aéreas de nuestra vida. Que se pueden clasificar de la siguiente manera:
Vida espiritual. (Leer, orar, alabar, etc.),
Vida intelectual (Mente, lectura, cultura, preparación académica),
Vida emocional (Emociones, dominio propio, relaciones de noviazgo/matrimonio),
Vida física (Hábitos, deporte, comida, salud, etc.),
Vida social (Familia, amigos, conocidos, etc.),
Vida profesional (Trabajo, proyectos, negocio, etc.).

Entonces para poder tener una estructuración clara, debes tener una subdivisión de tus objetivos y metas en cada una de estas aéreas a 1, 5 y 10 años. **"Con sabiduría se construye la casa; con inteligencia se** echan los cimientos. Con un buen juicio se llenan sus cuartos de bellos y extraordinarios tesoros."

ENRIQUÉCETE DE TEMAS SOBRE TU PLAN

Este sub capitulo dividí los temas de tu plan de vida personal para enriquecerlos sobre los temas mencionados y hacer una salud integral al tener todos tus ámbitos de vida en un nivel sano sin excesos. Recuerda que un plan de vida es personal y debes darte este obsequio a ti mismo y disponerte de hacerlo para disfrutar de la vida enfocado en lo que amas hacer.

Ejemplo de subdivisión de metas por subdivisión de vida por ámbitos

Vida Espiritual

A corto plazo.- Estabilizar mis emociones, controlar los cambios de ánimo, solidificar mis intereses espirituales, encontrar un equilibrio, al haber estabilizado mis emociones, tratare de fortalecerlas, encontrare actividades que me faciliten el mantener un equilibrio psicológico

A mediano plazo.- Fortalecer mis convicciones, encontrar "el buen camino" basado en los valores más que en algún código de comportamiento, comenzar un régimen de valores que de apoco, se consoliden en mí y se hagan permanentes, fortalecer mis aptitudes psicológicas y buscar enlazarlas con las de mi pareja, tratar de no tener los mismos valores que mi pareja, eso es imposible, pero si puedo buscar un equilibrio y compatibilidad superior, buscar la estabilidad espiritual con mi entorno

A largo plazo.- Lograr el equilibrio espiritual, una vez logrado lo anterior, debo ser capaz de mantenerlo, con apoyo de actividades, ya sean solitarias o en pareja, o grupal para así ser un poco más estable que la mayoría, conocer e interactuar con gente ejemplar en la meditación, o algún grupo de esta naturaleza, elaborar un plan personal, los Ejercicios Espirituales diarios presentan una oportunidad excepcional para definir los programas de vida que luego irán retocándose durante el año.

Vida Intelectual

A corto plazo.- Como ejercitar tu cerebro para tener éxito en tu proyecto de vida, para saber cómo hacer un proyecto de vida, posees a tu disposición la maquina más poderosa que existe en el mundo, Tu Cerebro, nuestro cerebro tiene un potencial incalculable de las capacidades y habilidades que se pueden llegar a desarrollar en nuestra vida de éxito, en tu proyecto de vida, ¿Por qué tu cerebro es la mejor herramienta en el éxito de tu proyecto de vida?, tienes la opción de llenarlo de propósitos, metas y sueños, pero también tienes la posibilidad de colmarlo de miedos, dudas y pensamiento negativos, tienes un potencial inimaginable sólo que no te has dado cuenta, o ya te diste cuenta y has tomado acción para usarlo a tu favor en el logro de tus metas en tu proyecto de vida,

A mediano plazo.- tu cerebro es un órgano capaz de hacer realidad tus metas con éxito en tu proyecto de vida, primero, he aprendido que es importante invertir en tu desarrollo personal y profesional es fundamental, recuerda que tú eres tu mejor activo, Segundo, lee al menos 20min al día en tu campo de interés profesional, y luego podrás ir aumentando la dosis, los ricos y exitosos como Bill Gates, entre otros dedican varias horas al día a la lectura para nutrir su intelecto y sus ideas de negocios. Es un factor fundamental en el logro de tus metas.

A largo plazo.- Asiste a seminarios, conferencias que alimenten tu proyecto de vida personal y profesional, La lectura es al cerebro, lo que el ejercicio es al cuerpo... Planea tu éxito

Vida Emocional

¿Qué significa inteligencia emocional? Nuestro interior está continuamente ocupado por un gran número de deseos. Su cumplimiento o su frustración se traducen en sentimientos positivos o negativos, los sentimientos son como un termómetro que mide la autorrealización personal. Son estados de ánimo que repercuten constantemente en nuestra conducta externa y que muchas veces repercuten en ella más que nuestras razones.

De aquí se deduce que de alguna manera tenemos dos inteligencias: la racional y la sentimental o emocional. Nuestra conducta está determinada por ambas.

La clave de la autorrealización personal está en la armonía entre cabeza y corazón, en la inteligente integración de ambas, la inteligencia emocional es una cualidad que se puede aprender, de forma parecida al aprendizaje de una asignatura. El grado de dominio emocional que alcance cada persona marcará la diferencia entre quien lleva una vida equilibrada y quien, con un nivel intelectual similar, hace de su vida un fracaso, es importante saber cómo está cada persona, descubrir nuestros sentimientos, saber expresarlos con palabras, aprender a reconocerlos. Una vez reconocidos, aprender a controlarlos es más fácil, lo que piensas influye en lo que sientes, y lo que sientes, y según te sientes así te comporta, si tienes pensamientos de tristeza te sentirás triste y abatido. Si tienes pensamientos tristes es más fácil que pierdas la esperanza y todo lo que te suceda lo ves desde un punto de vista negativo.

A corto plazo.- Aprender sobre nuestras emociones para saber utilizarlas a nuestro favor recuerda aprender de ellas es aprender sobre nosotros mismos.

A mediano plazo.- ser Emocionalmente Inteligentes, Aspectos que forman parte de la inteligencia emocional, conocimiento y control de las propias emociones, aprender habilidades sociales, mejorar nuestro equilibrio emocional.

A largo plazo.- Desarrollar destrezas para afrontar las situaciones desde un punto de vista positivo, saber desarrollar estrategias ante los problemas, capacidad de motivarse a uno mismo y poder reconocer y comprender las emociones ajenas

Vida Física

A corto plazo.- Cuide su cuerpo, su salud física es importante, se define como la condición en la que se encuentra el cuerpo. Cuando el cuerpo funciona de la forma para la cual fue diseñado, estar en buena salud física, previene daños y ayuda a que funcione adecuadamente, descansar. Nuestro cuerpo necesita cierta cantidad de horas de sueño cada noche para poder funcionar debidamente. Es importante que dediquemos tiempo para descansar

A mediano plazo.- desde ya hacer ejercicio para que a mediano plazo de los resultados requeridos para tener un físico escultural y saludable, nuestros cuerpos fueron diseñados para estar físicamente activos. Tenemos que recordar que diariamente debemos dedicar tiempo para hacer ejercicio a fin de mantener nuestro cuerpo saludable.

A largo plazo.- obtendremos un Estilo de vida más saludable Este es el elemento de la salud física sobre el cual tenemos mayor control. Esto incluye nuestra dieta, salud emocional, nivel de actividad física, y nuestro comportamiento. Hay cosas que podemos cambiar de nuestro estilo de vida para ayudar a que nuestro cuerpo se mantenga saludable. El uso del tabaco es un problema para mucha gente. El abandono del tabaco es un cambio del comportamiento importante.

"Recuerda que, con la intensidad de que respetes tu cuerpo, te mantendrás bien tanto para ti como para los tuyos y tu entorno, llevar hábitos saludables es esencial para mantenernos sanos, jóvenes y en forma más allá de la edad que tengamos. Seguir una vida activa físicamente, en definitiva, nos hace tener una vida mejor, te aseguro que si logras convertir hábitos saludables como parte de tu estilo de vida te sentirás con mucho más energía y con más juventud. Es sólo cuestión de estar dispuesto y poner voluntad para cumplirlos en la medida que nos sea posible" Pat HC Mentora.

Vida Social

A corto plazo.- El desarrollo debe entenderse como un proceso de transformación que persigue el mejoramiento de las condiciones de vida, para lograr mejor calidad de vida y alcanzar mantener la dignidad de la persona humana en la sociedad. Esta transformación exige la participación conjunta contigo mismo y de tu entorno, identifica tus necesidades sociales, y comienza a satisfacer las necesidades de expresión, creatividad, participación, igualdad de condiciones de convivencia, y autodeterminación entre otras.

A mediano plazo.- busca oportunidades de autorrealización, tanto de forma individual como agregándote a actividades sociales y así compartir tus talentos con grupos.

A largo plazo.- Los tres componentes del desarrollo humano siguen siendo la longevidad (esperanza de vida), el conocimiento (la educación) y los niveles de vida decentes (ingresos). El desarrollo humano, no se puede realizar si no hay vida y salud, Las personas no solo desean vivir y poder desarrollarse, también anhelan tener conocimientos y una vida decente, la cual no este permanentemente sujeta a situación de pobreza extrema y de preocupaciones constantes en relación con la subsistencia.
**"La vida es un desafío, afróntalo, la vida es amor: compártelo, la vida es sueño: hazlo realidad"
Proverbio Hindú**

Vida Profesional

A corto plazo.- pagar cuentas y hay que estar atentos en todo momento como persona a las oportunidades que se presentan en nuestro camino, a veces estamos cegados en construir nuestro sendero profesional y solo pensamos que debemos dar la mayor prioridad a nuestras metas profesionales y no observamos lo que está alrededor, que elementos tienes a tu alrededor para lograr tus metas profesionales, debes analizar que habilidades tienes, que habilidades deberías adquirir para lograr tus objetivos profesionales.

A mediano plazo.- innovar y ahorrar se debe tener en cuenta que no solo debemos enfocarnos en nuestras metas profesionales, de esta forma si reconoces que debe existir un balance en tu vida, esto te permitirá examinar tu "ser profesional" desde otro punto de vista, y estar siempre creando nuevas metas profesionales

A largo plazo: Debes dejar ese afán de querer alcanzar tus metas profesionales lo más rápido posible, si lo haces pausado y disfrutas lo que la vida tiene para darte, te divertirás planificando cada uno de los pasos a seguir y que debes realizar para lograr tus objetivos profesionales y te sentirás más satisfecho, debes calmarte, pensar pausadamente, imaginándote que has logrado cada una de esas metas profesionales que te has propuesto alcanzar, si tú no estás bien con el ser supremo, ni contigo mismo, ni con tu entorno... difícilmente lograras el éxito profesional, recuerda que para que seas exitoso debes recuperarte y alimentarte de lo que enriquece tu plan de vida

Este es un ejemplo simplificado de cómo puedes subdividir tu plan de vida para generar tu plan de vida, que te ayudara a sentir más confianza en ti mismo y lograr salir de tus crisis y comenzar a disfrutar del éxito.

SUBRAYA LO QUE MAS TE AGRADE

(Supera tus expectativas)

En este subcapítulo comenzaremos a hacer filtros, ¿a quién diriges la información y proyecto de plan de vida? A ti mismo entonces en la realización de tu plan de vida escogerás los temas que te atraigan a ti, solamente a ti, por ejemplo, en la decisión de como generaras dinero busca una actividad acorde a tus dones y talentos y en base a ellos genera un emprendimiento que te proporcione tener tu propio legado laboral, subraya lo que más te agrade de todo y anéxalo a tu plan de vida

APRENDE TODO LO POSIBLE

En este subcapítulo aprende a negociar y aprender, a ser un buen líder, a ser feliz, a mantener las relaciones humanas con la mejor actitud y cordialidad

APRENDER A NEGOCIAR. - Aprender cómo negociar bien es crucial para tu éxito en tu vida desde pequeños somos negociadores natos, como emprendedor será una habilidad que debes dominar, es una habilidad, como cualquier otra, que puede mejorar con la práctica, si un trato está más de un lado que del otro no funcionará a la larga, un trato justo debe hacer que ambas partes sientan algo de dolor.

1. Ten un buen sentido del humor. ¡Lo necesitarás! La negociación es muy estresante para ambas partes, es por eso que tener un buen sentido del humor puede ayudar mucho. Nunca pierdas la paciencia, trata de

no enojarte. Lo has escuchado antes y lo diré de nuevo: No es personal, es un negocio, La realidad es que si llegas a un trato vas a tener que seguir trabajando con la gente que estás negociando. Así que no te va a ayudar si gritas, escribes un email grosero o dices algo que realmente no sientes. Algunos emprendedores invitan a una tercera persona para ayudarlos a negociar por esa misma razón, Otra estrategia es evitar tomar la decisión final. Puedes decir, "Tengo que compartir esto con mi socio" o "Tengo que comentarle esto a mi esposo", haz lo que sea para no perder la cabeza y la perspectiva, aunque eso quiera decir que respires profundamente, te des la noche libre, corras, etc.

2. Recuerda que el tiempo es tu amigo. No te apresures. Si la otra persona con la que estás negociando te presiona para que firmes puede ser una mala señal. Ambas partes deben de comprometerse a pasar tiempo junto a él, para llegar a un buen trato. Yo no estoy de acuerdo en hablar por teléfono o por email sin darme por lo menos 24 horas para pensarlo. Tal vez necesites consultar a alguien para que te ayude a tomar la decisión.

3. Haz tu tarea. Si quieres negociar desde un puesto de poder, debes conocer las fortalezas y debilidades de la otra persona.

4. Ten una gran actitud. ¿Cuáles son tus metas a largo plazo? ¿Qué estás tratando de ganar? Puede ser fácil perder de vista el panorama general. Al principio de cualquier negociación, yo me aseguro de decirle a la otra persona lo emocionado que estoy de trabajar con él o ella y que pienso que nuestra

sociedad es muy buena para ambos. Eso me ayuda a establecer el tono adecuado.

5. Comienza con una hoja de condiciones. Esta debe tener cuatro o cinco cosas importantes. Si no pueden estar de acuerdo en estos aspectos básicos de su relación, ¿para qué iniciar con una negociación? Es muy caro. Acaban de comenzar a salir. Una vez que lleguen a un acuerdo sobre estas condiciones, puedes comenzar a hablar sobre el contrato.

6. Los contratos pueden cambiar. Si ellos lo escriben, puede ser a su favor. Eso está bien. Gastan dinero haciendo eso. Pero ahora vas a tener que hacer algunos cambios. Recuerda, los contratos pueden ser feos. Mucho de lo que dicen son cosas que podrían salir mal. No te asustes. Es un documento en progreso. El primer borrador debe ser negociado y cambiado

7. Siempre ten en mente algunas cosas a las que puedes renunciar. La negociación es sobre dar y recibir. No querrás perder cosas que realmente te importen.

8. Habla fuerte. Cuando leo o escucho algo que me resulta muy estúpido, se lo digo a la persona. Luego nos reímos, rápidamente reconoce que es más para su beneficio, cuando sale de mi boca, se lo hago ver y suavizará la negociación.

9. No trates de negociar todos los problemas el mismo día. Es muy abrumador y desgastante. Te recomiendo comenzar con algunos puntos de contención que pueden ser dirigidos rápidamente y sin tener que negociar mucho. Después de construir una buena relación, empieza a platicar de temas importantes.

Identifica aquello en lo que no puedes estar de acuerdo. Tendrás que hacer concesiones y compromisos, que ambas partes respetaran, No obtendrás todo lo que quieras, pero puedes disfrutar de lo que obtengas.

El arte de negociar es un proceso de comunicación entre personas para tomar decisiones sobre uno o más, temas especialmente problemas que los vinculan por ello debes respetar y equilibrar que tanto el proceso de la negociación, como el problema y las personas tengan un buen término por su puesto lleno de armonía

"todos somos negociadores natos, mi hija tiene 4 años y sabe bien como negociar cuando quiere 2 dulces, me dice – mama cuenta cuantos dulces en la mano tengo (teniendo dos), si son dos me los como a ambos– jajajaja y abusa de mi inocencia e inteligencia que veo dos jajajaja y termina comiéndoselos, se cómo los niños ingéniatela a salirte con la tuya sin temores, disfruta de la vida al máximo" Pat HC Mentora

APRENDER A SER UN BUEN LÍDER

Seamos honestos: ser un líder no es fácil. Las buenas noticias son que hemos compilado una lista de grandes consejos que te ayudarán a manejar tu negocio como un gran jefe.

1. **Guía con el ejemplo.** Los líderes necesitan actuar no sólo hablar. Si quieres que tus empleados sean puntuales, asegúrate de llegar a tiempo o por lo menos temprano. Si el profesionalismo es una prioridad, vístete para el éxito y trata a todos con cortesía. (un buen líder debe tener visión, carácter y actitud)

2. **Un poco de humildad te llevará lejos.** Hay una gran diferencia entre ser un líder y un jefe. Aunque ambos están a cargo, pero un líder comparte el centro de atención y se siente cómodo dándole también el crédito a los otros. Aunque parezca contraproducente, ser humilde te dará más confianza. Tus empleados lo apreciarán y tus clientes también. "procura ser tan grande que todos quieran alcanzarte y tan humilde que todos quieran estar contigo"

3. **Comunícate efectivamente.** Esto es imperativo, tanto en la oficina como en tu vida personal. Los grandes líderes se aseguran de ser escuchados y entendidos, pero también saben que es importante escuchar. La comunicación es una calle de dos vías y saber aprovecharla hará que tu empresa siga creciendo en lugar de frenarse.

4. **Haz que tus juntas sean productivas.** Como dice el dicho, el tiempo es dinero. Así que debes aprender a ahorrar tiempo, sobre todo

en las juntas. Si confías que tu equipo hará el trabajo, no debería haber la necesidad de recurrir a la microgestión.

5. **Conoce tus límites.** Hasta el líder más amable y atento tiene sus límites. Establécelos y atente a ellos. Si los demás saben lo que no vas a tolerar va a haber menos frustración, eso evitará confusiones.

6. **Encuentra mentores.** Los mejores líderes saben cuándo necesitan ayuda y saben hacia dónde ir para obtenerla. Nadie sabe todo, así que encuentra a alguien en quien confíes para que te aconseje cuando las cosas se pongan difíciles. (respecto a la tarea, respecto a las personas de tu entorno y respecto a ti mismo)

7. **Sé emocionalmente consciente.** Aunque mucha gente aconseja que separes las emociones de los negocios, las negociaciones son relaciones con personas. Para hacer que éstas duren, necesitas ser emocionalmente inteligente para ser sensible a los diferentes puntos de vista.

8. **Cuídate de (y evita) errores comunes de liderazgo.** Todos se equivocan, pero algunos errores pueden evitarse. Para no repetirlos, debes estar consciente de ellos sin obsesionarte.

9. **Aprende del pasado.** La historia, reciente o pasada, está llena de modelos de negocios exitosos y de grandes fracasos. Piensa en la gente que admiras y descubre qué salió mal para aquellos que terminaron sus carreras con algún escándalo.

10. **Nunca dejes de mejorar.** Los grandes líderes están constantemente aprendiendo. Siempre habrá algo en lo que puedas trabajar o una

nueva habilidad que dominar. Asegúrate de tener tu mente abierta a nuevas ideas y posibilidades.

Ser un líder es un bello obsequio, un presente continuo de tu mejor versión en el aquí y el ahora.

SUPERA TUS OBSTÁCULOS

Este subcapítulo quiero que reflexiones con el relato de la piedra y su moraleja que en mi particular pensamiento es "que la diferencia nunca estuvo en la piedra si no en el hombre que la utilizo de manera diferente".

"El éxito en la vida no se mide por lo que logras, más bien por todas las crisis que superas" Pat HC Mentora

Relato de la piedra
El distraído tropezó con ella
El violento la utilizo como proyectil
El emprendedor construyo con ella
El campesino cansado la utilizo como asiento
Para los niños fue un juguete
David mato a Goliat con ella
Miguel Ángel le saco la más bella escultura
En todos los casos, no estuvo en la piedra, si no en el hombre que la utilizo, no existe piedra en tu camino que no puedas aprovechar para tu propio crecimiento

Los obstáculos, son barreras que se interponen en nuestro camino y nos impiden avanzar, pero como no siempre los podemos ver y aceptar, son más difíciles de superar, no permitas que dichos obstáculos te mantengan en una situación que no deseas, aprende a superarlos y aumenta el bienestar y satisfacción de tu vida ¿Qué es lo que te impide, lograr lo que deseas?

Los obstáculos internos: son aquellas características personales que nos impiden actuar de acuerdo a nuestros deseos, que nos limitan, no nos permiten desarrollarnos como personas y nos alejan de la felicidad y el bienestar emocional y espiritual, cada persona tiene sus propios obstáculos internos y aquí te escribiré de los más comunes.

- **Poca fuerza de voluntad:** La fuerza de voluntad es el impulso interno que nos lleva a vencer los obstáculos y a lograr nuestras metas. No es algo con lo que nacemos o dejamos de nacer. Podemos desarrollar y reforzarla nuestra fuerza de voluntad si entendemos en qué consiste y por qué no la hemos fortalecido.
- **Falta de motivación:** La palabra motivación viene de "motif", que significa motor o algo que genera movimiento, por lo tanto, estar motivados es tener una razón o deseo que nos lleva a actuar, pero es importante que lo desees con intensidad, con la mente y el corazón, por lo tanto, tiene que ser importante para ti. No para otras personas. Sólo así, vas a estar dispuesto a hacer el esfuerzo necesario.

"Nada hay que nos pueda impedir elevarnos y mejorarnos y nadie puede detener nuestro progreso, más que nosotros mismos". Thomas Hamblin (actor y director de teatro en Inglaterra).

- **Poca tolerancia a la frustración:** Envolverse en la soledad y la frustración, quejarse constante y continuamente de las desdichas y tragedias que nos acosan solo pensar en las cosas que no tenemos y sobre todo no hacer absolutamente nada para modificar aquellas situaciones que nos angustian es un camino certero y seguro hacia la depresión mientras no generes tolerancia a las frustraciones que te provocan los cambios seguirás en ese juego tu decides

- **Miedo al cambio:** El cambio es inevitable, es parte de la vida, si vences el miedo que te produce el pensar en algún cambio, tu futuro puede ser beneficiado y estarías logrando lo maravilloso, aprende como lograrlo. **"En un mundo superior puede ser de otra manera, pero aquí abajo, vivir es cambiar y ser perfecto es haber cambiado muchas veces"John H. Newman**
- **Miedo al fracaso:** El temor al fracaso nos inmoviliza y disminuye nuestra calidad de vida. En nuestras manos está la capacidad para superarlo.
- **Miedo al éxito:** Es difícil creer que existe el miedo al éxito, pero es una de las principales razones de nuestros fracasos y limitaciones. **"El éxito consiste en vencer el temor al fracaso" Charles Agustin Sainte-beuve (Escritor y crítico literario francés).**
- **Falta de Voluntad.** Significa enfrentar los problemas de la vida, sabiendo que con el esfuerzo necesario, vamos a poder solucionarlos y vamos a lograr nuestros objetivos y deseos. " no permitas que el miedo te quite las mejores oportunidades"
- **Optimismo o pesimismo**, una actitud ante la vida, es saber que tenemos la fuerza y capacidad necesaria, para sobreponernos a cualquier dificultad y lograr una vida plena y feliz.
- **Éxito y perfección:** Si eres perfeccionista, seguramente piensas que es una cualidad que todos deberían de tener, porque es la base del éxito, Sin embargo, ¿sabías que puedes tener un éxito mucho mayor, sin pagar el alto costo

físico y emocional del perfeccionismo?, porque a la larga te puede crear problemas con tu entorno, ya que el perfeccionismo es como la estupidez... son enfermedades que no sufren las que lo padecen si no los que viven con el enfermo...ojo

- **Ideas y creencias equivocadas:** Nuestro sufrimiento está relacionado con nuestra forma de pensar, pero uno de los principales problemas es que no siempre estamos conscientes de esa forma de pensar. Conoce y cambia los pensamientos que te provocan estrés u otras emociones negativas... Descubre el poder de tus pensamientos. Albert Einstein decía **"loco es aquel que, haciendo siempre lo mismo espera resultados distintos"**

- **Estilos de pensamiento inadecuados:** El estilo de pensamiento es la forma de pensar, que desarrollamos a partir de nuestra relación con el mundo y con nosotros mismos, Estos estilos pueden ser adecuados o inadecuados, Corrige las equivocaciones de algunos estilos de pensamiento que pueden ser la causa de algunos de tus problemas y de tu sufrimiento.

- **La dirección que tomemos determina nuestra actitud ante la vida, Nuestros sentimientos, relaciones y conductas, piensas negativo o positivamente.**

Los obstáculos Externos deberían ser los más fáciles de eliminar, sin embargo, son los que más nos quedamos enganchados con la más grande escusa que lo hacemos por amor, hoy te recuerdo que tú eres importante y que el Amor más grande que debes sentir es por ti mismo y por ese amor, superar todos los obstáculos posibles a vencer

- **Conflictos con otras personas:** ¿Cuál es la mejor manera para resolver un conflicto, sobre todo cuando se trata de personas con las que, de una u otra manera nos relacionamos en la cotidianidad? Los malentendidos suceden con frecuencia, especialmente cuando una u otra persona está cansada, frustrada, triste o enojada. Es importante resolver los conflictos, ya sea con familiares, amigos, vecinos o colegas antes de que se hagan más grandes. Quítate el peso de encima y resuélvelo lo antes posible. Si no estás seguro sobre cómo hacerlo, tal vez estas recomendaciones te puedan ayudar:
- **Decide qué es exactamente lo que quieres lograr.** Puede ser que sientas que alguna situación en particular es injusta, que no mereces cierto trato, o tanta carga de responsabilidades, etc. Puede ser que un comentario que te hizo una persona, o peor aún, que hicieron a tus espaldas, hirió tus sentimientos.
- **En plena discusión,** es fácil enojarse, y ciertamente no es el mejor momento de negociar. Lo más adecuado, según terapeutas, es primero enfocar la energía a tranquilizarse y aclarar que uno quiere hablar las cosas y encontrar la mejor solución para todos. No olvides qué es lo que quieres lograr como resultado de tus negociaciones; evita dejarte llevar por tus emociones, ya que esto puede hacer que tomes un tono agresivo o acuses a otras personas de hacer o decir cosas hirientes cuando no necesariamente es el caso. Mantén la calma.

- Por otro lado, es importante informarte y tener claros todos los hechos. Habla de cómo te sientes. Pregúntale a la otra persona qué es lo que está pensando, qué es lo que necesita y siente, y propón encontrar una manera juntos para lograr el objetivo de ambos. No asumas simplemente que sabes qué está pensando o sintiendo la otra persona, y aun cuando lo sepas, ten la consideración de preguntarle. El silencio no resuelve nada; abre un canal de comunicación y diálogo. Solo entendiendo los dos lados de una discusión se podrá llegar a una resolución.

- Decide cuál va a ser tu plan de acción para negociar y platicar las cosas. ¿Cuál es la mejor manera de buscar a la otra persona? Márcale, invítala por un café, búscala en la escuela o el trabajo, pero asegúrate de pensar en un tiempo que no solo te convenga a ti, sino a la otra persona también. Encuentra un lugar neutral donde ambos se sientan cómodos y comienza a platicar. Asegúrate de dejar en claro que lo que quieres es resolver el problema, no seguir con acusaciones o responsabilidades. También, dale la oportunidad a la otra persona de hablar. Aunque no te encante lo que tiene que decir, merece una oportunidad de que la escuches y trates de ponerte en sus zapatos.

- **Falta de información ó de tiempo:** Una buena gestión del tiempo es indispensable, sobre todo para las mujeres que necesitamos que el día tenga un mayor número de horas para poder llevar a cabo todas nuestras tareas. Eso sin tener en cuenta que también te gustaría disponer de tiempo para ti, para disfrutar. Al final todo es cuestión de organización ya que por desgracia de momento no podemos aumentar la duración de un día.

- **Hazte con una agenda:** Lo primero antes que nada para una buena gestión de tu tiempo, hazte con una agenda. Si eres mujer y empresaria no te puedes permitir el lujo de estar sin una agenda, ya que esta es parte de tu trabajo, al ser empresaria no tienes horarios fijos, por lo que es indispensable que cuentes con una agenda para tus citas y ya de paso la aprovechas para organizarte mejor.

- **Delimita tiempos:** a veces nos quedamos sin tiempo porque no prefijamos un tiempo determinado para cada cosa y dedicamos más tiempo del necesario a muchas de las cosas que nos ocupan, o se nos va en cosas sin importancia.

- **Delega:** Estamos acostumbradas a ser las superwomen y que tenemos que cargar con todo el trabajo, es la hora de que te acostumbres a delegar, sin excusas, ya que es clave para que puedas disponer de tiempo suficiente.

- **No puedes convertirte en el esclavo** o la esclava de todos ya sea en el trabajo cómo en el hogar debemos darles tareas a todos en casa dales una tarea a cada uno que incluso puede rotar para que no dar lugar al aburrimiento, y que todo el mundo entienda las labores del otro, haz lo mismo en el trabajo, delega lo que puedas. Permite que tus empleados roten en sus puestos de trabajo (eso les hará más competitivos y se comprenderán mejor unos a otros).

- **Por último aprende a decir no de vez en cuando:** Si haces caso sin excusa a estos puntos que te indico, ya verás como la falta de tiempo deja de ser un obstáculo para ti.

Supera todos tus obstáculos conclusiones.

Recuerda que con todas las herramientas que te he dado en este libro, el saber manejar estos obstáculos te resultara más fácil. Ya estás del otro lado así que ánimo y a comenzar a vivir el camino de una vida exitosa.

TERMINA TU PLAN

PASO 1.- PRIORIDADES
¿Qué papeles represento en el presente?

1.-
2.-
3.-
4.-
5.-
6.-
7.-
8.-
9.-
10.-

¿Qué papeles quiero representar en el futuro y por qué?

1.-
2.-
3.-
4.-
5.-
6.-
7.-
8.-
9.-
10.-

PASO 2.- CREAR METAS
2.1 A CORTO PLAZO

1.-

o   Vida Espiritual…
o   Vida Intelectual…
o   Vida Emocional…
o   Vida Física…
o   Vida Social…
o   Vida Profesional…

2.-

o   Vida Espiritual…
o   Vida Intelectual…
o   Vida Emocional…
o   Vida Física…
o   Vida Social…
o   Vida Profesional…

3.-

o   Vida Espiritual…
o   Vida Intelectual…
o   Vida Emocional…
o   Vida Física…
o   Vida Social…
o   Vida Profesional…

2.2 A MEDIO PLAZO

1.-
o   Vida Espiritual…
o   Vida Intelectual…
o   Vida Emocional…
o   Vida Física…
o   Vida Social…
o   Vida Profesional…

2.-
o   Vida Espiritual…
o   Vida Intelectual…
o   Vida Emocional…
o   Vida Física…
o   Vida Social…
o   Vida Profesional…

3.-
o   Vida Espiritual…
o   Vida Intelectual…
o   Vida Emocional…
o   Vida Física…
o   Vida Social…
o   Vida Profesional…

2.3 A LARGO PLAZO

1.-

- o   Vida Espiritual…
- o   Vida Intelectual…
- o   Vida Emocional…
- o   Vida Física…
- o   Vida Social…
- o   Vida Profesional…

2.-

- o   Vida Espiritual…
- o   Vida Intelectual…
- o   Vida Emocional…
- o   Vida Física…
- o   Vida Social…
- o   Vida Profesional…

3.-

- o   Vida Espiritual…
- o   Vida Intelectual…
- o   Vida Emocional…
- o   Vida Física…
- o   Vida Social…
- o   Vida Profesional…

5 PASOS HACIA EL ÉXITO

Definir Estado actual

¿Cuál es mi situación Actual?

¿Cuáles con mis resultados?

¿Qué cosas quiero cambiar?

5 PASOS HACIA EL ÉXITO

Definir Estado Deseado

¿Cuál es mi propósito?

¿Cuál es mi Visión?

¿Qué objetivos tengo que me lleven a esa visión?

5 PASOS HACIA EL ÉXITO

Creer que es posible

¿Creo que puedo?

¿Qué creencias me limitan?

5 PASOS HACIA EL ÉXITO

Cambiar paradigmas

¿Estoy dispuesto a cambiar mis hábitos?

¿Estoy dispuesto a experimentar incomodidad?

Festejar el Éxito (logro del objetivo)
¿Qué acciones me hicieron tener éxito?

¿Qué cosas me quedan por aprender?

EMPRENDE UNO NUEVO

EL PLAN DE VIDA se compone de planes secundarios que apoyan al principal, para que continúes en tu caminar al éxito, debes ir terminando, y comenzando uno nuevo y entender que si no te está resultando como quisieras podría ser por que los estas encaminando de forma inadecuada, si es este es el caso hacemos un diagnóstico de la situación actual, donde se divide, en un diagnóstico interno, tus debilidades y fortalezas y externo, amenazas y oportunidades. Se sintetiza como terminar el plan y emprender uno nuevo sin dejar de dar pasos al ÉXITO.

Con todas las herramientas que has llevado en este libro, debes tener una idea de cómo disfrutar de la vida con el plan que escogiste, como todo tiene un inicio, también tiene su fin... aquí veras el modo de terminar e iniciar uno nuevo.

MANTENTE EN MOVIMIENTO

Tal vez, te empeñas día con día en progresar y llevar las cosas por buen camino, sin embargo, debes tener claro, que, posiblemente, la causa por la que no se están concretando tus proyectos es porque estas encaminándolos de una forma inadecuada.

Ejecuta el plan. Consiste en indicar cuáles son los pasos que se tienen que seguir para lograr 'ejecutar' el plan, evitando el rezago en la etapa de la planeación, Para ello, debes de ser sincero y hacerte las siguientes preguntas, las cuales te servirán para plantearte si sigues en movimiento.

1. ¿Cuáles son tus distractores actuales?
2. ¿Qué tienes que poner a un lado para estar aquí presente?
3. ¿Alguna inquietud en tu cabeza que quieras mencionar?

Las respuestas emitidas de estos cuestionamientos proporcionaran soluciones que te impulsaran a crearte tu primer diagnóstico sobre lo que está sucediendo en tu entorno, y tanto como contigo mismo

A continuación, vamos a sintetizar la secuencia para un plan
- Análisis sobre el tema, al cual quieres realizar el plan

- Elección de objetivos: escoge detalladamente cuáles son las principales finalidades de tu proyecto de vida
- Planeación con inclusión: Luego de conocer esas finalidades que se tienen con el proyecto que se va a realizar, planea por etapas generales, y después etapas secundarias con fechas convenidas de terminación.
- Acciones concretas, resultados específicos: La etapa de planeación debe de estar apoyada en una lista de actividades detalladas que se harán, mismas que deben tener bien establecidos los resultados que se deben de obtener en cada paso
- Delega responsabilidades: El paso anterior estará fundamentado por la selección de personas que estarán encargadas de cada unidad de trabajo, quienes responderán a cualquier asunto que se pudiera presentar en el proyecto.
- Información para todos: Una de las claves y elementos más importantes, es la comunicación efectiva, la cual permite que todas las personas involucradas sepan todos los detalles relevantes del proyecto
- Ponerse en **ACCIÓN:** Sí, inevitablemente la palabra **ACCIÓN** debe de estar en mayúsculas, ya que varias veces los planes se quedan sólo en la etapa de planeación, sin darse cuenta de que eso no es lo más importante... ponte en movimiento
- **Mantén un seguimiento:** Como director de tu vida o líder de tu proyecto debes de estar dando seguimiento a los trabajos y avances que vas realizando y van realizando cada una de las áreas involucradas en el proyecto
- Termina el proceso y analízalo

Al analizarlo, deben contestar 6 preguntas para poder comprender mejor qué tan positivo o negativo fue su método:

1.- ¿Qué lograste?

2. ¿Qué aprendiste?

3. ¿Qué fue lo que más te funcionó?

4. ¿Qué o a quién quieres reconocer?

5. ¿Qué faltó?

6. ¿Qué harás diferente la próxima vez?

Todos estos pasos sirven para entender cómo fue que se trabajó y así desarrollar un PLAN DE VIDA, formando un círculo de trabajo talentoso que pase por cuatro etapas:
Resumir,
Planear,
Informar y
Ejecutar.

Emprende uno nuevo
Existen algunos planes que son temporales y solo auxiliares para tu plan principal… recuerda que cada que termines, esos planes secundarios, se debe iniciar uno nuevo, sigue en movimiento y disfruta de la vida al máximo.

Capítulo 6

A MÍ

AGRADECE A DIOS Y COMPARTE

AGRADECE A DIOS

A partir de que conocí este proceso de vida que me encamino a mi éxito, integro a Dios en todas las áreas de mi vida y agradezco infinitamente que me ha permitido lograr millones de cosas, mantenerme con salud, me ha hecho disfrutar mi día a día junto con mi hija, me ha hecho tomar decisiones algo duras pero que me han mantenido libre de dramas, agradezco a Dios el haberme puesto en el camino mentores como lo es Edgardo Moreno que ha sido más que un mentor, un maestro que hace unos años (2015) me preparó para lo que hoy, 7 años después, gozo como una realidad. En mis momentos de transformación, agradezco a todas las personas que me han apoyado para hacer de este proceso más llevadero con la gran ayuda que me han profesado sé que así como yo he ayudado sin reservas lo han hecho por mí, agradezco a Dios que nos ha presentado las crisis para Hoy poder disfrutar de mi éxito al máximo.

Este proyecto comenzó como una manda por agradecer yo haber logrado superar la peor caída que he tenido en mi vida, que fue mi divorcio sin haberme presentado en esa crisis yo aún seguiría dormida, este proyecto inicio como una lista de acciones que yo debía hacer, las realice y de ahí lo convertí en un programa que he dado desde 2015 agradezco a todas las personas que lo recibieron y terminaron decidiendo ser, los protagonistas de su propia vida, y ahora este proyecto lo presento como un libro, superando mis expectativas al haber realizado este proyecto logrando llegar como lo pedí en la manda a miles de personas con la finalidad de ayudarles a salir de sus crisis y lograr darles las herramientas necesarias para superar esa etapa, para después disfrutar de su éxito también convirtiéndose en mis colíderes, claro que no lo hubiera hecho sin la intersección de Dios al haber me puesto en el camino los proyectos de MENTORÍA 10 X ACADEMIA DE EXPERTOS 2015 Y 2016 Y MAESTRÍA EN MULTINIVEL Y MERCADEO MÓVIL   que imparte Edgardo Moreno, y que con sus herramientas hoy soy mentora, coach de vida y negocios, cumpliendo esta manda que hice de difundir este mensaje **ERAS NADIE HASTA QUE VOLVISTE A MI.**

"Yo volví al camino y la luz y lo agradezco infinitamente, hoy lo estoy compartiendo contigo" Pat HC Mentora

En esta segunda edición, siete años después, agradezco más a Dios por su presencia en todo el proceso, donde mi familia ha sido la base del amor a esta misión de vida.

MANTENTE EN MOVIMIENTO
CAMINANDO AL ÉXITO
INVITA A LOS DEMAS A PONERSE EN
MOVIMIENTO

La felicidad suele ir capacitada a una condición interna o subjetiva de satisfacción y alegría. Algunos psicólogos han llegado a definir la felicidad como una medida de bienestar, que influye en las actitudes y el comportamiento de los individuos. Las personas que tienen un alto grado de felicidad muestran generalmente un enfoque del ámbito positivo, para lograr metas fijadas y al mismo tiempo estimular a conquistar nuevas metas.

Diversos estudios han mostrado que la felicidad depende en gran medida de factores internos, en particular del temperamento (valentía, agilidad mental, sagacidad, capacidad) y en definitiva, de cualidades que son dependientes de otros factores que nada tienen que ver con el estado de flujo asociado a la felicidad, y que por efecto de ésta, experimentamos las otras sensaciones, sobrevivimos en un mundo competitivo, el cual premia a los que no cometen errores. **Si una llama de fuego encendida en una vela, cometiese el más mínimo error a la hora de consumir sus recursos, ella misma se extinguiría, y la posibilidad de encender otras velas desaparecería.** La complejidad de un ser vivo es mucho mayor, por lo que si no somos capaces de transferir adecuadamente la carga, si no somos capaces de 'quemar de forma efectiva la chispa que nos mantiene vivos', el 'fuego' quemará estructuras vitales y acabaremos consumiéndonos nosotros mismos... Por lo tanto es un estado de ánimo que dependerá de ti verlo como un objeto que te puedes quitar y poner a voluntad y de ahí tomar la mejor decisión para tu día, prefieres estar feliz o aceptar que tu animo cambie según las cosas que van pasando en tu día o arrastrar estados de ánimo negativos como la ira, ¿cuál es tu decisión para Hoy?

YO ELIJO SER FELIZ AQUÍ Y AHORA.

Estudios: Lic. En Arquitectura, diplomado en formación de mandos medios (coaching organizacional), 10 años de experiencia en diseño arquitectónico y en minas especialidades de 10 años laborando en topografía y 1 año en planeador a largo plazo. Actualmente formación en Academia de Expertos, Maestría en multinivel y Coaching Millonario. Especialista en mentorías de vida, negocios online y marca personal. Conferencista internacional, coach y administradora en grupos de mujeres en el área de ventas, creadora de programas de desarrollo personal "Eras nadie hasta que regresaste a mí", "Creer en ti" y "Éxito al revés". Dueña de emprendimientos Pat HC Mentora para salir de la crisis al éxito (social) y Pat HC joyería de plata (ventas) y escritora.

Nombre **Patricia Hernández Carrillo**

Lugar de nacimiento: Taxco de Alarcón, Guerrero, México

Fecha de nacimiento: 6 de febrero de 1982

Contacto: PatHCMentora.com

Pat HC Mentora para salir de la crisis al éxito (fan page)

Patyhc82@hotmail.com

Patyhc82mentoria@gmail.com

+52 662 403 2164 Mex.

+1 702 826 8594 USA.